刘令军 著

让学生真正改变的
教/育/智/慧

大夏书系·全国中小学班主任培训用书

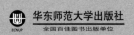

华东师范大学出版社
ECNUP
全国百佳图书出版单位

图书在版编目（CIP）数据

让学生真正改变的教育智慧 / 刘令军著 . —上海：华东师范大学出版社，2018
ISBN 978 - 7 - 5675 - 7391 - 8

Ⅰ.①让 ... Ⅱ.①刘 ... Ⅲ.①班主任工作 Ⅳ.① G451.6

中国版本图书馆 CIP 数据核字（2018）第 006636 号

大夏书系·全国中小学班主任培训用书

让学生真正改变的教育智慧

著　　者　刘令军
责任编辑　卢风保
封面设计　奇文云海·设计顾问

出版发行　华东师范大学出版社
社　　址　上海市中山北路 3663 号　邮编　200062
网　　址　www.ecnupress.com.cn
电　　话　021 - 60821666　行政传真　021 - 62572105
客服电话　021 - 62865537
邮购电话　021 - 62869887　地址　上海市中山北路 3663 号华东师范大学校内先锋路口
网　　店　http：//hdsdcbs.tmall.com

印 刷 者　北京密兴印刷有限公司
开　　本　700×1000　16 开
插　　页　1
印　　张　15
字　　数　230 千字
版　　次　2018 年 4 月第一版
印　　次　2021 年 11 月第四次
印　　数　11 101-13 100
书　　号　ISBN 978 - 7 - 5675 - 7391 - 8/G · 10885
定　　价　42.00 元

出 版 人　王　焰

（如发现本版图书有印订质量问题，请寄回本社市场部调换或电话 021-62865537 联系）

目录

Contents

第二序改变

教育是一种改变。

学生迟到了，一批评就改正了，这是合乎逻辑的改变。但有一些特殊情形：老师教育了，努力了，学生却没有合乎逻辑地发生改变，形成困局。

"你这个孩子，我批评你多少次了，你怎么还这样？"

"我为你费了多少心血，你怎么还没有改变？"

"这个学生，我越请家长，他越调皮！"

……

教育实践中发生的某些改变，有时就像我们解鞋带，一不小心拉错了带子，结果越用力解反而越紧，最后弄成了死结。这种死结的产生，不一定缘于学生过于顽劣，而是因为我们的教育弄错了施力方向。

一、改变教育方式，困境突然"峰回路转"

教室里放了一台饮水机，就放在前门的出口处。这本是一件好事，学生在教室里就可以接水。但好事也有弊端。一到下课的时候，学生蜂拥至饮水机前，其间难免有推推搡搡，学生水杯里的水总有一些抛洒出来，饮水机前的地面，从来就没有干过。在饮水机前放了一个水桶也无济于事。地上的灰尘与清水一混合，灰尘就变成了污泥，清水就变成了污水。

坐在饮水机旁边的第一、二小组的第一个同学，就经常遭殃了。一不小心，作业本弄到地上，再捡起来，就已经是污黑一片。

每次，我都在教室里大发雷霆："你们接水的时候能不能小心一点？你看看，这作业本还能用吗？"

甲生说："我接水的时候，一些人拼命挤我，水就洒出来了！"

乙生说："一些人接水的时候，由于贪心，接得太满了，稍微碰一下水就洒出来了！"

丙生说："一些人接水的时候，先用水清洗一下水杯，清洗的水直接倒在了水桶外面！"

……

所有的人都在找别人的问题，却不从自己身上找原因。

让我恼怒的是，雷霆之后情形并没有明显改观。第一、二小组的第一个同学的作业本，还是经常掉到地上。批阅作业的时候，一摞干净的作业本里，经常藏有脏兮兮的本子。

事情陷入了困局：要将饮水机放在教室里，学生下课接水就一定会把水泼洒出来；水泼洒到地上，地面就一定会潮湿；坐在饮水机附近的学生，课本作业本只要掉到地上，就一定会被玷污。

有一次，我正在上数学课。第二小组的小敏在翻动课桌上的书的时候，课堂作业本不小心掉了下去。再捡起的时候，封面上已经是黑乎乎一片。

这次，我没有发火。我问小敏："你的课堂作业本变成了这个样子，你有什么感受？"

小敏说："我好伤心呀！我一直都很小心地保护着数学课堂作业本，没想到今天它还是难逃一劫，被玷污了，我今天怎么交作业呀！"

我拿起作业本，展示给学生看，然后请他们谈感受。

甲生说："看到小敏的作业本被玷污成这样，我也很难受。今天接水的时候，我水杯里的水也泼洒出来了一点点。后面的同学推搡是一个原因，但主要还是我自己不小心所致。"

乙生说："我坐在后排，下课接水的时候总排在后面。我害怕时间不够，就去挤了前面的同学。现在看来，前面同学的水泼洒了出来，我在外围用力挤是主要原因。"

丙生说："由于害怕没有水，我接水的时候水杯接得太满，我自私心太重了。"

……

所有人都反省自己，不指责别人。

我问大家："怎么解决这个问题？"

学生说，有两种解决方法：第一，接水要进行分流。早读下课，第一、二小组接水，第一节下课，第三、四小组接水，以此类推。第二，接水的时候，请每一个同学都小心。大家看一看小敏同学的作业本，想一想如果是自己的作业本弄成这样，心疼不心疼？

自此之后，教室里饮水机周围的地面，再也没有潮湿过。

上面这个案例，本来我已经陷入困境，好像无论怎么挣扎，都无法脱困。但那天的数学课上，我没有说任何道理，也没有指责任何学生，我改变了教育方式，由训斥说教变成了让学生谈体验感受。没想到的是，当初训斥学生的时候，他们一个个盯着别人的问题，却不从自己身上找原因；而让学生谈体验感受的时候，他们反而一个个反省自己，不再指责别人！

教育一下子峰回路转！

这正是我们在研究的一种改变，叫作"第二序改变"。第二序改变理论源自《改变——问题形成和解决的原则》一书，作者是美国的三位资深心理咨询师：保罗·瓦茨拉维克、约翰·威克兰德、理查德·菲什。需要说明的是，该书讨论了心理治疗方面的大量案例，但又不限于心理治疗，而是探究了解决问题的一般性原则，从方法论的层次提出了具有理论高度的指导意见，对解决日常生活和教育管理中的问题深具启发性。

我们的研究则是对原著的理论进行迁移和拓展——从"心理治疗"迁移到"教育管理"，从晦涩难懂的一个概念拓展为具体的操作方法。

二、每个人都有自己的规条系统

我们每个人，都是凭借内里的一套规条系统去处理眼前出现的每一件事。所谓"规条系统"，就是我们每个人的文化背景、价值观、理想、信念共同作用形成的一个处理事情的大脑指挥系统。

比如，我组建工作室时，一位平时跟我私交甚好的老师找到我，希望能将他确定为学员。因为教育局发了通知，凡是工作室的学员，在晋升职称时可以加分，同时限定每个工作室的学员名额是 30 人。

有人申请加盟本是一件好事，但问题是，这位老师根本就不符合我的选人条件。

这位老师说："刘老师，我也不参加你工作室的活动，你只给我一个学员身份就可以了！"

怎么抉择？我的原则是：工作室是专业的学术团体，因此只选择真正进行学术研究的人，对那些将"学员身份"当成"福利待遇"的人，一律拒绝。尽管我为此得罪了这位老师，但是我维护的是学术研究的纯洁性（尽管我个人的力量很有限），使它不带任何功利性。

再比如，有一次我根据领导的安排，策划了一次学术交流活动，有六位老师上了示范课，领导可能工作繁忙，忽略了给这六位老师一点报酬。后来，我反复跟领导申请，希望给他们一点课酬。

有人说："刘老师，你就不要固执了！一线老师不在乎这点钱的，有荣誉证书就很满足。"但我不这样认为，一线老师很辛苦，他们除了精神奖励，其实也盼望有一点物质奖励。物质奖励说起来很庸俗，但是能给领取者被组织重视的良好感觉。

我执著地跟领导申请，后来领导尊重我的意见，给了老师们合适的报酬。

我之所以这样偏执，缘于我的认识：那些真正站在一线坚持进行原创开发的老师，是一所学校、一个区域教育发展的宝贵财富，管理层应该狠狠地对他们好，给他们应有的尊重和待遇，让优质的劳动获得优质的回报。如果反其道而行之，那就是对积极做事的人的伤害，对教育、对学术的伤害。

由此可见，我们之所以这样做，而不是那样做，就是因为我们每个人的内里，都有自己行动的规条系统。

我们每一个人的规条系统是很难改变的。比如，你如果要让我在组建工作室的时候，将那些真正研究学术的老师排除在外，却将那位将学员身份当成福利的老师留下，那是不可能的。因为在我的规条系统里，学术应该是纯净的，物质回报是学术研究的"副产品"，只有那些一开始就把学术当成兴趣和爱好的老师，才有可能在学术上创造成就。

同样的道理，在教育实践中，一线老师之所以会遭遇一个又一个教育困局，最根本的原因就在于个人内里规条系统的力量太强大，它不会轻易发生改变。

是不是路就"堵死"了？没有！还有另外的路，那就是你可以观察分析对方的规条系统，改变自己的行为，顺应对方的规条系统，这样一来你所期待的改变就能变成现实。

比如说，一位老师想加入我的工作室，以使自己获得评优晋级的加分。实现目标的方法，不是改变我的规条系统，而是改变他自己的行为——放弃晋级加分的功利思想，把自己变成一位真正的教育研究者、原创开发者。这样，他就顺应了我的规条系统——尊重学术，重视人才。

同样的道理，在教育实践中，想要改变一个学生，如果之前无论怎么施力，都无法实现目标，那就不要再试图改变学生的规条系统。有效的方法是改变自己的教育行为，从自己的规条系统里跳出来，进入学生的规条系统，这时你会迎来"峰回路转"。

这种改变有点类似于汽车"换挡"。一辆行驶中的汽车，如果变速杆在一挡，你使劲踩油门是没有用的，要让它快速奔跑起来，一个有效的方法就是将变速杆从一挡取出来，逐步递加到五挡。

这种改变，在教育管理中叫作"第二序改变"。

教育过程中发生的改变，可以分为这两种：

（1）第一序改变。用一般的管理就可以解决，不需要特别的技巧。比如学生不做作业，老师和家长就督促他做作业，甚至抽出时间来陪着他做作业，在家长和老师的"辛勤守护"下，孩子老老实实地把作业做完了。这种改变，施力的出发点是教育者自己的规条系统，也就是说，教育者始终都是站在自己的立场和观点去解决问题，因为他认为学生就应该这么做，不这样做就不是好学生。这种从自身规条出发的教育施力，只能改变对方规条系统比较薄弱的"问题"。如果对方的规条系统很强大，它就无能为力了。

（2）第二序改变。它要求教育者跳出自己的规条系统，去洞悉、观察、研究对方的规条系统，然后改变自己的行为以顺应对方的规条系统。当我们把对方的规条系统作为施力点以后，会发现在教育教学实践中，之前一些看起来无解的问题，居然能够轻松化解。

三、只有简单易学的教育技术才具有推广价值

当我跟教育同行们谈论第二序改变的时候，很多同行觉得很神奇，很想学习，但是心理上有顾忌：我能学会吗？

我认为：一项教育技术如果做不到"简单易学"这四个字，那么就没有推广价值。要学好第二序改变，只要掌握好两个技术要点就够了。

第一，洞察、分析对方在当下处理这件事情的规条系统。

第二，尝试从自己的规条系统中跳出来，进入对方的规条系统，改变自己的教育行为以顺应对方的规条系统。

下面以一个故事为例，进行详细解读：

怎样将鸡关进笼子里？

令汤姆烦恼不已的是他的邻居布劳斯太太家的鸡。自从布劳斯太太搬到汤姆家的隔壁，汤姆家花园里的花儿和青草便遭了殃，因为随布劳斯太太一起来的还有一群鸡。不要说汤姆每天上班不在家，就是他在家休息时，布劳斯太太家的鸡也会旁若无人地进入他家的花园，去糟蹋他家的花儿和青草。

汤姆已经跟布劳斯太太说过多次了，让她请工匠做一个鸡笼，只要将鸡关进笼子，他家花园里的花儿和青草就不会遭到鸡的破坏了。布劳斯太太总是说，等她的丈夫有时间了就会亲自做一个鸡笼的。可是转眼好几个月过去了，布劳斯太太依然没有将鸡笼做好。每天，汤姆都会对着上天祈祷一番：请赐给布劳斯太太的丈夫一天时间吧，让他将他们家的鸡笼做好！

突然有一天，汤姆发现，布劳斯太太居然将鸡笼做好了。汤姆跟妻子安娜说："上天终于赐给布劳斯太太的丈夫时间了，他把鸡笼做好了。现在他

们家的鸡都关进了笼子，不会再来烦我们了。"

安娜对汤姆说："你说的不对，不是上天赐给了布劳斯太太的丈夫时间，让他做好了鸡笼，而是我让他做的鸡笼。"

汤姆睁大了双眼问："你是怎么做到的呢？"

安娜说："我每天早上都会在咱们家的花园里放上几个从市场上买回来的鸡蛋，然后晚上又当着布劳斯太太的面把鸡蛋捡回来。这样过了几天后，布劳斯太太的丈夫便有时间做鸡笼了。"

（摘自沈湘：《怎样将鸡关进笼子里？》，《当代文萃》，2007 年第 10 期）

在这个故事里，安娜和汤姆这一方的规条系统是：捍卫自己的权利，不允许别人侵犯我的利益。邻居家的鸡到我的花园里来，糟蹋了我家的花儿和青草，这是侵犯了我的利益，所以必须阻止她这样做。而布劳斯太太这一方的规条系统是：自私自利，甚至不惜损人利己。我放养的鸡到邻居家的花园里去觅食，帮我把鸡给养好了，我完全没有必要把鸡关起来。

正因为双方的规条系统是对立的，所以布劳斯太太的丈夫永远都找不到时间去做鸡笼子，因为她根本就不想做鸡笼子。双方都站在自己的规条系统里处理问题，反反复复交锋，陷入困局。

后来安娜的方法是，改变自己的行为，进入对方的规条系统：你很自私，你只想侵占别人的利益，那好，我现在就让你看看，你这样做，会有损失，那就是你的鸡会把蛋生在我的花园里，这蛋就归我了。

布劳斯太太一看到鸡把蛋生在邻居家的花园里了，损失就大了，与鸡吃的那一点青草相比，简直是得不偿失，赶快做一个鸡笼子把鸡关起来。

布劳斯太太的规条系统并没有改变，安娜的做法，只是顺应了对方的规条系统，行为一改变，鸡就关进了笼子里。

四、工具在手，操作不难

一些教育同行在研习第二序改变技术的时候，发现最难掌握的是：找到对方的规条系统以后，如何改变自己的教育行为，换一个"挡位"，进入对方的规条系统。

这个"换挡"的核心技术，就是重新框定。那么，什么是重新框定呢？这个名词听起来很专业、很晦涩，所以还得讲一个故事。

2016年，我负责一个班主任工作坊的管理工作。最后一次线下研修活动的时候，我想做一个总结性的PPT，用一些照片来展示一下工作坊组建以来走过的历程。在做这个PPT的时候，突然蹦出一个灵感：如果把学员学习过程中的各种表情，做成一个表情包，是不是更能冲击大家的眼球？对于这个灵感，我有点沾沾自喜，立即行动。

我就在工作坊组织活动时拍摄的照片里找那种特写镜头——微笑的，专注的，沉思的，凝重的。遗憾的是，这种特写的照片居然很少，找来找去，仅找到四张。怎么办？忙乎了大半天，难道就放弃这个创意？

我打开开班仪式时拍的一张照片，无意中滚动鼠标上的滚轮，照片被放得很大，但由于是高清相机拍摄，照片仍然很清晰。我突然有了主意，在这张上百人的照片里，每个人的表情都是不同的，如果把每个人的表情截下来，再放大，不就是很多很多的特写表情了吗？

我点了QQ上的截屏按钮，于是屏幕上就出现一个方框，我想截取哪一个人的图像，就用方框把那个人框住就行了！

这就是重新框定！它的书面解释就是以新的视角限定在一定的范围内。在一张一百多人的照片里，我需要哪一个人的表情，就用一个方框把这个人的图像框住。在这个框里，其他人就看不到了，我看到的只是这个人的特写镜头。

老师在教育教学中运用第二序改变的时候，重新框定有两种方法：

第一种方法，截图。

用截图的方式框定一个目标，作用有两个：

一是聚焦。在教育教学中，各种各样的学生问题纷繁复杂，就像那张大照片一样，什么人都有，什么样的表情都有。如果我用一个框框住最具有典型意义的表情，类比到教育实践中，就是框住一个最有价值的问题，这时师生的视线就会聚焦到这个问题上，集中解决眼前这个最重要的问题。

二是放大。一张一百多人的照片，每个人都有自己的表情，但是如果不是用特写的形式来呈现，不会给人留下深刻的印象。但用一个方框把某个人的头像框住以后，原本看似不经意的表情，就有了特写的效果。比如，上文说到的作业本封面被玷污的案例，之前我在进行教育的过程中，关注得太多太繁杂：有人倒水太满，有人在后面推推搡搡，有人不小心，等等。我批评这个，训斥那个，始终没有效果。后来，我只框定了"被玷污的作业本"这一个画面，并将其放大，让学生谈自己的感受，大家都关注到作业本，由此触发了内心的反省。

第二种方法，加框。

同一张照片，放入红画框和蓝画框，会有不同的视觉效果。在教育中，同一个学生，同样一个问题，如果换一个不同的框把他框住，学生获得的感受就会不同。比如一个学生在一间杂乱无章的教室里，他会很浮躁，乱丢纸屑，随口吐痰，随意讲话，随便下座位。他在做这些事情的时候，会认为是理所当然的，没有愧疚感。但是如果将这个学生放到一个干净整洁的教室里，他立马就会变得文明起来，将垃圾丢到垃圾桶里，安静地坐在座位上，遵守课堂纪律，不随便讲话。

为什么会有这样的对比？就是因为他在不同的框里，在那个干净整洁的框里，他随便讲话，内心会有愧疚感。

这就是第二序改变中的重新框定技术。具体来说，这项技术有四大工具：动机重新框定、模式重新框定、环境重新框定、方向重新框定。

一线老师只要掌握好这四大工具，学会第二序改变就是一件轻而易举的事情，从而可以在学生教育实践中不再为各种班级管理棘手问题而头疼、抓狂。

第一章
动机重新框定：让学习变得更主动

- 如何对学生的学习成绩进行奖励

- 如何唤醒学生的内驱力

- 如何将理想信念植入学生心中

- 如何让学生远离网络游戏

- 如何让在家里遭受漠视的学生重整旗鼓

- 如何将学生的智力通道打开

- 如何提高学生的"跛科"成绩

- 如何介绍新转学的学生进班

- 如何打造班级的英语口语特色

人的每一个行为的背后，都有原因，这个原因就是人的动机。动机与人的需要是紧密联系的，如果说需要是人活动的基本动力的源泉的话，那么，动机就是推动这种活动的直接力量。根据动机的引发原因，可将动机分为内在动机和外在动机。

内在动机是由活动本身产生的快乐和满足所引起的，它不需要外在条件的参与，个体追逐的奖励来自活动的内部。比如有一些学生想玩电脑游戏的时候，会找各种各样的借口和机会去网吧，有些在学校寄宿的学生，明知就寝以后不能外出，却在熄灯铃响以后，偷偷摸摸翻围墙外出上网。驱使这些学生这么做的，就是内在动机。他们喜欢玩游戏，而且是强烈地喜欢。而有的学生即便没有家长和老师的督促，也会努力读书，因为他们在学习过程中有成功的体验，这一内在动机让他们实现了自主学习。

外在动机是由活动外部因素引起的，个体追逐的奖励来自活动的外部。比如有的学生努力提高学习成绩，就是为了得到家长设定的奖金，只要努力考一个好分数，就能得到一定数量的金钱。再如，有一些家长比较强势，强迫孩子去练习某项技能（练钢琴、练舞蹈等），这项技能的练习过程很枯燥，孩子如果不愿意练，则有可能遭到家长一顿狠揍。孩子在家长的高压下，被迫进行练习。这时，是外在动机在起作用。我曾遇到一个奥赛获得金牌的学生，问他取得今天这样的成功，是不是应该感激父母的辛勤付出，他说了一句让所有人都感到意外的话。他说他恨不得杀了他的母亲，是她一次又一次逼迫他去做那些超级无聊的奥赛题。

这两种动机的差别在于：内在动机强度大，时间持续长；外在动机强度小，持续时间短，而且往往带有一定的强制性。在某个人做某件事时，这两种动机无所谓好坏，只有主次之分，要么是内部动机为主，要么是外部动机为主。

动机重新框定这一工具，有两种使用方法：第一是将学生本来外部动机为主的行为，通过动机重新框定，转变为内部动机为主；第二是将学生本来内部动机为主的行为，通过动机重新框定，转变为外部动机为主。

如何对学生的学习成绩进行奖励

问题聚焦 🔍

孩子考试成绩进步了，家长通常的做法是给孩子一些物质奖励，这种做法表面上看是爱孩子，其实是害孩子。

有一次与班上一位学生家长交谈，说起自己的儿子家长多少有些得意扬扬。他的儿子正在我的班上读七年级。在开学初，他就跟儿子订下了奖励合同：考班级第一名奖励 100 元，第二名 80 元，第三名 60 元……依此类推。家长告诉我，这次期中考试，他奖励了儿子 80 元。也就是说，他儿子获得了班级的第二名。家长用期待的眼神看着我，他知道我平时习惯用"激励"的方式与人相处。

我叹了一口气说："老弟，我都不知道怎么说你好，你说你这是爱孩子呢，还是害孩子？"

家长一脸惊愕："当然是爱孩子呀，难道还有错？"

我提高了音量："不但有错，而且是大错特错！"

家长越发不理解："为什么？"

我努力让自己语气平缓："好吧，我给你普及一点家庭教育知识吧！你知道，人为什么会去做一些事情吗？我们做任何一件事情都有自己的动机。

动机分为两种，一种叫内在动机，一种叫外在动机。举一个例子，你到了20岁的时候，为什么会去恋爱、结婚？因为到了20岁的时候，你已经性发育成熟，对异性有了渴望，所以这个时候你去寻找心仪的姑娘，这是一种内在的需要，即内在动机促使你这样做。工作以后，领导说现在有一项重要工作，需要你晚上加班完成。虽然你极不情愿晚上加班，但领导说了，每加一次班发200元加班费。于是你就看在钱的份上，咬咬牙坚持去做了。这缘于外在动机，钱就是外在动力。

"在同一件事情上，这两种动机可以相互转换。讲一个故事给你听吧。有一群顽皮的学生，每天放学以后路过一个桔园，喜欢随手捡起路边的一些石子，照着树上的桔子进行'射击比赛'，损伤了好多桔子。桔园主人每次发现熊孩子们开展'射击比赛'，就出来追赶。结果一无所获，孩子们鬼灵精怪，早跑了个无影无踪。可桔园主人回到桔园，乱石又会不断飞进来。后来，桔园主人改变了办法。一天，看到孩子们都过来了，桔园主人走过去说：孩子们，今天我们来进行一次射击比赛吧，规则是这样的，每人挑5块小石子，谁如果击中了树上的桔子，就奖励10元钱。熊孩子们一听，兴奋不已，这正是他们的最爱呀，纷纷到路边寻找小石子。桔园主人划定了一条投掷站立线，比赛正式开始。这次比赛，有3人领走了10元钱奖金。过了几天，桔园主人说：奖金太高了，我亏得太多了，今天只能奖5元。熊孩子们一想，5元也不错，于是比赛继续进行。又有4人领走了5元奖金。又过了几天，桔园主人说：5元还是太多了，今天只奖2元。熊孩子们一听只有2元钱，对射击比赛就没那么积极了，但还是有人领走了钱。后来桔园主人说：实在对不起了，我真的没有钱了，今后再也不组织这样的比赛了。那群顽皮的学生经过桔园的时候，再也不丢石子了。有人问他们为什么不丢了，熊孩子们说，没有奖金，谁还干那样无聊的事？"

家长听得津津有味。我问家长："你知道那些熊孩子后来为什么不丢石子了吗？"

家长若有所思："大概就是你说的，有了动机转换。"

我微笑着说："之前熊孩子之所以丢石块，是缘于内在动机——好玩，刺激。所以，桔园主人驱赶了一次又一次，总是无济于事。后来，桔园主人转换了方式，他不再驱赶，而是去组织比赛。你知道这个比赛设定的价值吗？它的价值就在于成功地将熊孩子们的'内在动机'转换成了'外在动机'。也就是说，这个时候熊孩子们投石子，就不是纯粹觉得好玩、图刺激了，而是为了钱在'奋斗'。动机转换了，熊孩子关注的变成了钱，他们做事情的动力变成了钱。后来，钱越来越少，熊孩子们的动力也就越来越小。最后没钱了，动力也就没了。"

家长似乎听明白了："刘老师，也就是说，我给儿子设立奖学金，是将儿子学习的'内在动机'转换成了'外在动机'。"

我呵呵一笑："对！你总算开窍了。学习本来是孩子自己的事情，孩子只要在学习的过程中不断地体验到成功，他就会信心百倍，积极上进，自觉努力，不用扬鞭自奋蹄。也就是说，学习对于孩子来讲，应该缘于'内在动机'。你一给他的成绩设立奖金，那你立马就将孩子的'内在动机'转换成了'外在动机'。这种动机一旦确立，那你就必须随着儿子年龄的增长，不断增加奖金的诱惑力。现在孩子还小，80元还有诱惑力，等你儿子读高中的时候，只怕要上千元才有诱惑力了。你想想，如果有一天，你设立的奖金对儿子没有诱惑力了，他还会继续努力读书吗？是不是也会像故事中的熊孩子们一样——就这点钱，谁还会干这样无聊的事呀？"

家长恍然大悟，频频点头："刘老师，你说得对，我真的是太傻了。回去以后，我就跟儿子把道理讲清楚，以后再也不设立成绩奖金了。"

我以为这事就这样结束了，没想到，第二天，家长又火急火燎来找我："刘老师，还有一个问题没弄明白。昨天你说不要给孩子的考试成绩设置奖金，但如果孩子考试成绩进步了，要不要有所表示呢？"

我点点头："当然要呀！"

家长不解了："既然要有一些表示，又不能给奖金，那给什么？"

我说："你将那个奖励的'奖'字改一下，改成'激'字，再念一遍。"

家长愣了一下，嘴里喃喃有声："激励——"

我微笑着说："对！再念三遍。"

家长开窍了，大声念了起来："激励！激励！激励！"

我哈哈大笑，告诉家长："近几年来，我管理班级的一个秘密法宝就是不断地激励学生去自我努力。比如说，我们班的小涛同学一直是班级成绩最差的学生。有一次，我上数学课的时候，踱步到小涛面前，意外发现他居然在数学书上把这节课的要点都记下来了！我立即拿起他的书展示给全班同学看：同学们，过去，在我们的印象中，小涛是不喜欢动笔的，但是大家今天看看，小涛写得多么工整，多么详细。下课的时候，我对着小涛的方向喊了一句：小涛，你带着数学书到我办公室来一趟。结果，他几分钟后才过来，因为当时正好学生要进行大课间活动，所有的学生都在走廊里集合。小涛一进门就跟我说：走廊里人太多，寸步难行。我拍拍他的肩头说：你看，'寸步难行'这个词用得多好，既准确地说出了迟到的原因，又表明了你积极想要过来的态度。我拿出手机，将他所做的笔记拍了一张照片，发到家长微信群里，然后附上一句话：今天的数学课，小涛同学认真做了笔记，而且写得非常工整，从一笔一画的书写中，就可以看出他学习态度非常好，说明他已经有了上进心，这就是进步的开始。小涛的妈妈看了我拍的照片和留言以后，马上在群里回复说：感谢老师的教导，孩子有这样的进步，真的太令人高兴了。你看，这就是激励。没有任何的物质奖励，但孩子学习信心倍增，动力十足。

"不论是成人还是学生，学习活动中最有价值的成分是主体的主动性和积极性。因为人都是靠自身的心理力量来启动热情、锻炼意志、发展智力、获取知识的。一切外来的压力也好，奖励也好，都必须通过主体的内驱力才能起作用。任何人不能替代他人学习和发展，替代他人思考和记忆。那么学生学习的内驱力来自哪里呢？主要来自两个方面：第一，深入内心的自信；第二，深入内心的兴趣。一个学生如果在学习的过程中，有了深入内心的自信和兴趣，他就会自觉努力学习，并且百学不厌，百折不挠。就好像一艘轮船一样，获得了源源不断的内驱力，这种内驱力就是我说的内在动机。"

家长频频点头，脸上明显有了一点兴奋："刘老师，我再问一个问题，家长要怎样做才能变'奖励'为'激励'呢？"

我说："通常的做法是三个词：相信，表扬，展示。

"相信：就是相信孩子一定能成才。有个叫小雁的女生，数学成绩一直不好，在读小学时，很少及格。进入中学以后，我对她说：凭你的学习态度，你不但能及格，而且还可以拿到良好。小雁听了我的话，信心百倍，一个学期以后，就真的拿到了良好。你的孩子现在考了班级的第二名，那么你现在就应该经常对他说'爸爸相信你一定会有大出息''爸爸相信你一定能考上宁乡一中'之类的话。

"表扬：孩子有一丁点儿进步，你就要进行表扬。这丁点儿的进步，可能是孩子的学习态度，也有可能是孩子的某句话，还有可能是孩子的某个举动。举个例子吧：一个 7 岁的小朋友，奶奶送他上学，提出帮他背书包，孩子不肯，要自己背。在这种情况下，奶奶正确的做法是尊重孩子的意愿，让他自己背书包。等孩子放学以后，还要当着他爸爸妈妈的面，表扬他：我们家宝贝很能干呢，自己能背书包了，不要奶奶帮忙。这么一表扬，孩子就受到激励了，对背书包这件事就有动力了，以后都会自己背书包。而孩子自己背书包培养的是什么呢？培养的就是孩子的责任心，对自己分内的事情有责任心。

"展示：孩子有了进步，还要及时地将进步展示给学生最重要的身边人。学生最重要的身边人，通常就是他的班主任、任课老师、家长。你孩子这次考试获得了班级第二名，你可以将孩子获得的奖状拍成照片，发在你们家庭的微信群里，还可以当着孩子的面，跟孩子的爷爷奶奶，或者外公外婆说，孩子考试成绩如何如何优秀，学习如何如何努力，并将你拍的奖状照片展示给他们看。假如下课以后你孩子到办公室来了，你还可以当着孩子的面，告诉我孩子在家里是如何如何自觉学习的，最好翻出一些他平时学习的照片给我看。

"这三个词给予学生的，就不是物质奖励给予的那种粗浅的兴奋感了，而是深入内心的自信和兴趣。这样，即使他在学习的过程中遇到了挫折，也会百折不挠，即使学习的过程很艰苦，他也不会觉得累。"

家长听了我的解释，恍然大悟："刘老师，谢谢你，我知道怎么做了！"

孩子学习，本来是缘于内在动机，内在动机的特点是持续时间长，强度大。学习是一个长期而且艰难的过程，孩子只有具有了强有力的内在动机，才会在学习过程中做到孜孜不倦，百折不挠。家长如果给孩子的成绩进步设置物质奖励，那就是将内在动机转换成了外在动机，这种做法短时间内会刺激孩子努力学习，但如果未来学习难度加大，孩子某一天觉得，学习这么难，不值得为了这一点钱不分昼夜地去努力，他就会放弃学习。因为外在动机的特点是持续时间短，强度小。

思路点拨

如何唤醒学生的内驱力

问题聚焦 🔍

　　每一个学生在学习上都有内在动机，有一些学生之所以会表现出内在动机不足，是因为他们的内在动机处于睡眠状态，没有被唤醒。

　　每周二的第三节课，原本是我的数学课，但是被我调整为班级的"写作课"，只干一件事，就是写班级系列人物传，我们已经坚持一年了。

　　这一天，我走进教室，学生问："刘老师，今天写什么？"

　　我一言不发，转身在黑板上板书："钉子"阳阳。

　　谢娟问："刘老师，阳阳是钉子吗？"

　　我的笑容很神秘："当然不是，你没看钉子加了引号？准确地说是阳阳有一种'钉子'精神。大家看见过钉子吗？谁来讲一下它的特点？"

　　小超说："钉子是一种利器，它有一个特点，就是前面是尖的，人一敲打它，它就会往墙壁里、木头里钻。"

　　我又问："那么，'钉子'精神是一种什么精神呢？"

　　谢妮说："'钉子'精神就是，锲而不舍，坚忍不拔，不屈不挠，专心致志。"

　　我继续问："大家发现阳阳同学在哪些方面特别具有'钉子'精神？"

教室里一下子炸开了锅，你一言，我一语，说得很热烈。我看大家说得差不多了，就做了一个"stop"的动作，说："现在大家开始动笔吧，600字的文章，还有30分钟时间。"

教室里顿时寂静无声，只听见一片沙沙写字声。交上来的作文中，我看谢浩写得不错，就找一个时间把它在课堂上"公开发表"了。

"钉子"阳阳

谢 浩

钉子，是一种遇强不让、遇硬偏进的利器。

"钉子"精神，是一种不屈不挠、锲而不舍、坚忍不拔的学习精神。

我们班的阳阳同学就有一种"钉子"精神。

你们只要看看我"拍摄"的几个"镜头"，就知道阳阳这颗"钉子"有多顽强了。

镜头一：放学了，教室里的同学一哄而散，寄宿的同学迫不及待地冲向寝室，走读的同学早已归心似箭，收拾收拾书包，兴冲冲地出了教室。仅仅过了几分钟，教室里已静寂无声。但是你不要以为此刻教室里已空无一人，因为还有阳阳同学在，他虽说是一名走读生，但他并没有像其他同学一样急于回家，此刻他独自一人，正在教室里攻克一道数学难题。他安静地坐在那里，一直等寄宿的同学吃过晚饭，纷纷走进教室里，才收拾书包回家。我曾问过他："你为啥不回家学习呢？"他说："回家以后，如果遇到难题，没有人可以请教，但在学校里就不同了，同学可以帮我，老师可以帮我。"我听了，真的惭愧不已。

镜头二：下课铃声终于响了，同学们一声欢呼，冲出来教室。"弹珠大侠"付小敏迫不及待地开始"招兵买马"，教室前坪站满了观战的男生和参战的男生，只有阳阳同学，拿着一本英语书，走进了办公室，向高老师请教语法，或者默写单词，或者主动向高老师申请"英语小测验"，用语文老师杨老师的话来说，就是阳阳学英语已经进入到一种"如痴如醉"的境界了。也确实如此，阳阳同学"痴"在其中，"醉"在其中了。

镜头三：这节课是数学课，阳阳同学目不旁视，紧紧追随着老师的讲解，好似老师就是一名演技精湛的演员，他已经完全被剧情吸引，已不知身在何处。他时而张大嘴巴，时而凝神思考，时而提笔急写。数学老师刘老师经常走过去拍拍他的肩头，评价他的几何证明题：一气呵成，滴水不漏。

具有"钉子"精神的阳阳，对难题穷追不舍，对学习专心致志，珍惜一分一秒，是我学习的好榜样。

我们班的班级系列人物传，每周写一个人，一般一个学期可以写15个人左右。曾经写过这样一些标题："数学天才小超""钢琴王子欧星""篮球战将曹勇""神算子小晓明""金牌主持谢娇""文明绅士李毅""快乐天使何敏文""创意高手刘晓敏""解题牛人蔡星星""校园诗人李薇薇"……

经常有老师问我："刘老师，你明明是一个数学老师，怎么会去指导学生写作文呢？抢语文老师饭碗呀！"

其实我这不是抢语文老师的饭碗，我的写作课与语文老师的写作课有本质区别。语文老师的写作课是专业训练，而我的写作课是育人活动。

一些年轻的班主任看重育人的结果，不希望有太长的过程，我教他们一种思路，如果一个月都没有看到效果，他们就放弃了。而我则看重育人的过程，我一贯认为：如果没有过程就没有育人，老师只有给学生一些经历，他们才能在经历中获得真正的成长。那种试图通过说教，就想获得育人效果的老师，往往是声嘶力竭，劳而无功。

指导学生写作其实是一种育人策略：给一些荣誉让学生自己去维护。具体的操作方法就是：抓住学生最引以为傲的一个优点，进行放大，并当着全班学生的面，授予学生某方面的荣誉。通常为了扩大该荣誉在班级里的影响力，会采用在班级里公开"贴标签"的方法——送给学生一个"绰号"。

我这里所说的荣誉，就是对学生在班级和学校里的各种积极上进行为的肯定和褒奖，是学生从班级获得的专门性和定性化的积极评价。

我给学生的荣誉，与成人获得的那种荣誉略有不同。成人的荣誉，大多体现在奖状或者荣誉证书上。而我给学生的荣誉，除了奖状，还有一个"绰号"，这个"绰号"通过故事分享、图片展示、班级写作、学校文化阵地宣传等方式，在家长微信群里、班级里、学校里广为流传。班级系列人物传的写作，就是让学生在班级里获得荣誉的一种具体做法。我之所以这样做，是因为从自己成长的经历中得到了启发。

朋友们都知道我喜欢写作，经常有朋友说：你真有毅力，能够坚持这么多年。其实，朋友们并不知道，我做这些事情是与毅力是无关的，写作就是我生活的一部分。写作对很多老师来说是一种沉重的负担，对我来说却是令人沉醉的工作。每次在电脑前坐下来，我都有一种亢奋感——终于找到时间坐下来写作了。每当写完一篇文章的时候，我的内心都会有一种成就感：没想到，这么长的一篇文章，居然被我写出来了。

而我之所以将写作当成了爱好，一个很重要的起点，就是在我读初中的时候，教我语文的吴清兮老师在班上送给了我一个"绰号"：文学天才。那时候，同班同学见面，都不叫我名字，叫我文学天才。所有同学都这么叫我，给我的就是一种积极的心理暗示，我心里想：我是众所周知的文学天才呀，可不能徒有其名。于是越发努力练习写作，每一篇文章都力求精益求精。我这样做就是努力在维护自己的荣誉。

这说明，荣誉能使人产生一种积极向上的内心力量。

我有一个朋友，是一个物理老师，他告诉我他每天晚上都要花两个钟头钻研教材，经常备课到深夜。我感到奇怪，教了 20 多年的老教师，基本上是不会钻研教材的，即使有时候需要备课，也是把很多年前的备课抄一遍而已。

朋友告诉我：每次备课，都会有新的收获。比如说，有一个物理知识点，之前教的时候，由于晦涩难懂，自己也缺少透彻的理解，在课堂上一直采用的是照本宣科的方法，学生听不懂，自己也不满意。后来在一次备课中，突然就领悟了一种新的教法，三言两语就能将晦涩的知识点讲清楚，讲透彻，再去教学生时，学生果然一听就懂，一点就通。

朋友的教学业绩在当地是赫赫有名的，他无论接一个什么班，物理成绩的提高，不是那种缓慢的提升，而是"质的飞跃"，让很多人刮目相看。所以这些年来，他获得了单位的器重，还被聘为物理工作室的首席名师。而他之所以如此努力，缘起竟然是他在参加工作的第三年，通过拼体力的方式获得了一个"教学能手"的荣誉称号。

得到这个荣誉以后，他时时提醒自己：我是单位公认的教学能手，如果成绩落后了，那就辱没这个荣誉了。从那时开始，他就开始晚上研读教材，一直坚持了 20 年。过去他是凭体力获得了"教学能手"的荣誉，现在，他是用教育智慧维护着这个荣誉。

一个有好胜心的人，一定会珍惜自己的荣誉，这是一种人性。同样，那些好胜心强的学生，会格外珍惜自己获得的荣誉，并自觉去进行维护。学生在维护自己荣誉的过程中，内驱力就产生了。内驱力是人在需要的基础上，产生的一种内部动力。这种动力深藏在我们每一个人的心中，但是多数情况下这种内部动力处于睡眠状态。

许多老师和家长跟我诉苦说：现在一些学生，对学习缺乏兴趣，不爱学习，应付学习。学习上完全依赖外力的督促，意志薄弱、懒惰散漫、容易分心、敷衍了事、遇难而退，不去挖掘自身的发展潜力，得过且过。这样的学生，就是内驱力处于睡眠状态的学生。

有些家长，也想唤醒孩子的内驱力，于是就采用一些外部推力的方法，比如设立奖学金，或者时时刻刻监视逼迫。这类做法，家长尽管耗尽心血，往往效果并不明显。

我们作为一线老师，其实都知道一个简单的常识：学习并不是一件简单快乐的事情，学习过程中有很多很多的艰辛。学生的学习是否有成效，主要取决于两大因素：一是会不会学，即方法问题；二是愿不愿学，即动力问题。其中，学生个体的主观能动性是学习成败的关键。

只有具有积极向上的内驱力的学生，才能获得充分健康的发展。如果没有内驱力发挥作用，一个人是很难在学习上取得成功的。

给一些荣誉让学生自己去维护，就是唤醒学生内驱力的一种方法。要让学生产生持久的内驱力，班主任要把握好三个技术要点：

第一是放大。给学生一个荣誉其实是很简单的事，发一张奖状就是一个荣誉。但是，那种发奖状的方式，不足以给学生"荣誉"的感受。我为什么要煞费苦心地组织班级系列人物传的写作？主要的目的就是将学生的荣誉放大，让全班同学都来分析这个同学的优势，让全班同学都来肯定放大他的优点，学生内心就会觉得，这真的是一个很重要的荣誉。

第二是跟踪。荣誉给学生以后，老师不能从此就不再关注，不再过问。只要有适当的时机，就让学生在众人面前展示他的荣誉，有时甚至还要创造时机让他展示，以强化他的荣誉感和认同感。

第三是传播。为了便于传播学生的荣誉，有必要给他加一个"绰号"。班主任要利用家长微信群、学校的各种文化活动、班级的各种宣传阵地，传播和展示学生的荣誉。

思路点拨

一个鸡蛋，从外面打破，是食物，从内部突破，则是生命。同样是破壳，却有本质的区别。在教育教学实践中，很多老师习惯于从外部使力，无限制地给学生增加学习时间，不停地给学生找各种教辅资料，以试图帮助学生提高学习成绩。其实，这些都是外部使力的方法。给学生一些荣誉去维护，则是另一种施力的思路，唤醒学生的内驱力，让学生从内部去突破，让学生自己去挣扎、使力，最后形成自己的生命力。

如何将理想信念植入学生心中

> 很多学生是没有理想信念的，于是老师说：××同
> 学，你要有自己的理想信念。说了千百遍，学生还是没有
> 理想信念。这种说教是教育吗？当然不是！教育如果有这
> 么简单，那每个学生、每个老师、每个家长都会心想事
> 成，如愿以偿。

十年前，一个叫小浩的学生，在初二第一学期由我们学校的另一个班转到我班。说实话，校际间转学是常见的事情，但是校内转班，则多有迫不得已的原因。学校领导找到我，说小浩与他前任班主任之间存在一些矛盾，希望我接收他。事情的原委大概是这样的：

小浩喜欢打篮球，每天的晨读或者午自习，他总是迟到，抱着一个篮球大汗淋漓地走进教室，每次都要十分钟以后才能安静下来。而且，小浩的文化成绩不好，上课还经常违纪。有一次，班主任实在忍无可忍，就拨通了家长的电话，小浩很反感地大声叫喊起来："通知家长我就死定了。"班主任见他如此说，越发恼怒："我一个老师还会受你学生的威胁？"这更坚定了他通知家长的决心。家长到来以后，小浩跪倒在他母亲面前，放声大哭。这件事以后，小浩与班主任之间越发对立，班主任苦不堪言，因此请求学校出面解

决这个问题。

我接手小浩以后，问他为什么如此反感班主任通知家长来校。小浩磨蹭半天，终于说了实话，原来他的父母都是菜农，每天都是很辛苦地在田间劳作，而自己在学校不上进，通知家长到学校来，他觉得自己很对不起父母。

我说："既然如此，那你为什么不好好表现？"

小浩说："我也很想好好学习，用优异的成绩来回报自己的父母，但是由于基础太差，每次考试都是在及格线附近徘徊。"

与前任班主任不同的是，我在课余时间也喜欢打篮球，在球场上，我跟小浩是队友，因此小浩跟我的私人感情比较好。但是，根据我多年的教学经验，他这样的文化成绩考一个普通高中都困难。我很想帮助这个孝顺的儿子进步，但一直没有找到发力点。

一次，与体育老师周灿聊天，说起小浩，周老师无意中说了这么一句话："如果练篮球特长，小浩可以考上宁乡一中。"

我大吃一惊，问周老师："真有这种可能？"

周老师非常肯定地说："是的，现在小浩有两个优势：第一，身高，他现在还只有 14 岁，就已经'海拔'175cm 了；第二，篮球技术，他现在一分钟投篮十个球的命中率基本上稳定在 60%，再加以锻炼，完全能考上一中。"

我问周老师："小浩自己知道有这种可能吗？"

周老师说："他不知道，现在这只是一种猜测，没有把握的事情，我不能对他说，万一他考不上，到时候怪我骗他。"

周老师的这个判断，对于小浩来讲，真的是天大的利好。我想，一定要把体育老师的这种判断告诉他，让他知道自己是有前途的！从体育专业的角度来讲，周老师不能把话说得太满；但是从育人的角度来讲，我则必须将这种希望和可能性告诉他，以增强小浩的自信心，帮助他确定自己的努力方向。

但是这个告诉他的人，不应是我，而应该是一个在小浩看来够权威的人。权威的人说出来的话才有权威性，这样，小浩才会相信自己真的有这种潜能。在那一刻，我突然有了一个教育设计，我要为他导演一出"好戏"。

一个月以后，机会来了，宁乡一中的老师来我们学校招生。我特意找到招生的负责人，跟他介绍了小浩的情况，请他等会儿小浩在操场上打篮球的时候过来一下。招生负责人一听可以帮助到一个学生，很乐意地答应了我的请求。

跟往常一样，小浩在篮球场上打篮球，宁乡一中的招生负责人悄无声息地出现在篮球场边上。等小浩休息的时候，负责人走过去，微笑着问："同学，你是哪一个班的学生，今年多大了，读初几了？"

小浩说："我是一班的学生，今年14岁，读初二了。"

负责人一脸惊讶："你今年14岁，就长这么高了？篮球技术还这么好！我们宁乡一中很需要你这样的人才呢！你愿意到我们宁乡一中来读书吗？"

小浩一听，瞪大了眼睛："宁乡一中要我这样的学生吗？我的文化成绩很差呢。"

负责人说："文化差一点不要紧的，我们要的是篮球特长生，中考的时候，文化成绩可以降低两百分录取的。再说，文化差一点，你还可以努力提高嘛！现在你才读初二，还有一年多的时间可以努力。你说，你愿意来宁乡一中读书吗？"

小浩一听，连连点头："愿意！一百个愿意！"

负责人说："那好，我们就这样约定了，一年半以后，我们在宁乡一中相见。"

负责人从随身携带的一个包里，掏出一个笔记本，当着小浩的面，写上这样几个字：我在宁乡一中等你！写完了，郑重交给小浩。小浩迅速脱下外衣，三把两把将头上的汗擦干净，再将手擦干净，郑重地接过了笔记本："老师，一年半以后，我一定到宁乡一中去！"

从那一天开始，小浩就变了一个人！他把先前学过的所有课本都找了出来，从初一开始重新学起。他的父亲每天早晨四点起床，去地里摘菜。小浩要求父亲，在四点准时将他叫醒，他要在家学习两个钟头，再去上学。他除了放学以后打四十分钟篮球，课余的每一分钟都作了精心的安排，每一分钟都有明确的学习任务。小浩进步神速，只用了一个学期时间，他就已经跻身班级前十名，初中毕业时真的如愿考进了宁乡一中。

毕业两年以后，我在公交车上偶遇了小浩，他很高兴地告诉我，他有了新的理想——报考飞行员。

原来，小浩的一个远房表舅在一个空军部队工作，回来探亲的时候到了他们家，见识了小浩的身体素质以后，说他完全可以报考飞行员，并送他一架飞机模型。

小浩说，为了实现自己的这个理想，他已经从原来就读的宁乡一中转到了外县的另一所学校，因为这所学校，历史上曾经培养过很多飞行员。

他亲昵地给我看他头上的白发和黝黑的皮肤。这两年他一直在非常努力地学习，把头发都熬白了。为了磨炼意志、提高体能，暑假时在高速公路上做义工，晒脱了好几层皮。他说起自己的理想，一脸的兴奋。分手的时候，他跟我说："刘老师，如果有一天我回来见您，那一定是我已经考上了飞行员。"

第二年，小浩回来见我，他真的考上了长春航空航天大学，成了一名飞行员。看着眼前这个帅气的小伙子，我感叹他的成长，真的是一个奇迹。

关于信念在人成长过程中的神奇作用，长沙市雨花区稻田中学的特级教师华玉凤在总结自己 31 年的班主任经验时说：很重要的一条就是，从小在孩子的心里植入理想信念。

华老师对初一的学生说：三年后能考上雅礼中学的学生，来跟我合一个影。立即有十多个学生站出来，要求跟华老师合影。有个男生比较犹豫，自己的成绩不好，可能考不上雅礼中学，但是在华老师的鼓励下，他还是跟华老师合影了。自此之后，这个学生就开始奋发图强，因为他已经跟华老师约定好了，要考上雅礼中学。

中考时，当年跟华老师合影的十多个学生全部都考上了雅礼中学，其中就包括在初一时成绩很一般的那个男生。

华老师的学校，每年都是全国研究生考试的一个考点，每年都有一些学生弃考，在考场上为考生准备的文具袋，就剩下了很多。每年，华老师都将这些文具袋收集起来。华老师对学生说：这些文具袋都是参加研究生考试时用的，你们中间谁有意愿，将来要考研究生的，请到我这里来领一个研究生考试用的文具袋。结果，班上有几位学生领了文具袋。多年以后，那些领取了文具袋的学生，全部考上了研究生。

有人会问，合一次影就能考上雅礼中学？领一个文具袋就能考上研究生？是的！你不要小看那张合影的照片，也不要小看那个文具袋，对于学生的成长来讲，这两样东西都具有非凡的象征意义。照片象征的就是雅礼中学，文具袋象征的就是研究生身份。

当学生站出来跟华老师合影的时候，当学生走过去领那个文具袋的时候，实际上一颗理想信念的种子，就已经在他的心里种下了——我要考雅礼中学！我要考研究生！那些勇敢站出来的学生，不再是漫无目标的人了，他们有了自己的人生目标。

华老师说，一个人的理想信念，会决定他三五年之后的成就。那些在今天取得非凡业绩的人，实际上在三年、五年，甚至十年之前，就已经确立好了自己的人生目标，然后朝这个目标努力，坚定不移，心无旁骛，最后成功了。

有家长听了我讲的故事以后，说："刘老师，照您这么一说，那教育就很简单了，我以后每天对我儿子说一遍'你能考上宁乡一中'，他就能考上宁乡一中了？"

我说："我这么说，完全有可能。你这么说，则完全没有可能！"

家长越发感到奇怪："为什么你说就可能，我说就没有可能了呢？"

我说："因为你的语气里有怀疑，你自己都不相信有这样的事情，孩子是会读心的，他能读懂你语气里的怀疑。"

"刘老师，那我要怎么说，才能真正在孩子心里植入理想信念呢？"

我说："有两个技巧。第一，不要怀疑孩子。有一位家长，得知我一直在研究家庭教育，就拿了儿子的一张数学试卷过来，跟我说：刘老师，您看看我儿子做的这张试卷，他可以考宁乡一中吗？我没有看试卷，直接告诉他，不能！家长有些奇怪：刘老师，您还没有看试卷，您怎么就知道我儿子不能考上宁乡一中？我说：因为你自己就对孩子抱有怀疑。家长的态度决定了孩子的命运，家长要相信孩子，信任孩子——将来一定有出息、大有作为，这样才能将信念植入孩子的心田。第二，是给孩子找一个理想目标的象征物。比如一张照片、一个模型，或者一个笔记本之类的东西。一个原则就是，孩子看到这个物件，马上就知道自己要朝哪一方面努力。这个象征物就像是时时都挂在孩子面前的一面警钟，时时提醒他，要积极努力。当然，这个象征物不能随便就给他，最好是由在孩子心目中足够权威的人来给他。而且，象征物最好是孩子自己内心确实想要得到的。这样，孩子才会在内心深处，将这个象征物真正当成警钟，时时鞭策自己。"

理想信念是一棵大树，一些老师采用"移栽"的方法，结果发现自己根本就不是优秀的园丁，树移栽过去以后，不久就死了。还有一种方法是植入，老师先将"种子"植入学生心中，然后慢慢进行培养，于是种子开始生根发芽，渐渐长大。"移栽"是一种功利的做法，将现成的大树直接搬过去。"植入"是一种育人的方法，虽然要经历一个漫长的过程，但教育都在过程里。

思路点拨

如何让学生远离网络游戏

问题聚焦 🔍

网络是一种工具，按理说是人类利用工具，但是很多学生现在却被工具给控制了，陷入其中不能自拔。很多家长欲哭无泪，孩子沉湎网络游戏，成绩一落千丈。

有一位家长开了一家网吧，每天放学以后，女儿就径直来到网吧等她一起回家。

由于没有时间管女儿，就让她自由在网吧里玩游戏。久而久之，女儿竟然玩游戏成瘾了，成绩直线下降，从班级第一名跌到了第二十名。

当时她女儿13岁，读七年级，在我带的班级。家长无比痛苦地跟我说："看到女儿的成绩一天比一天退步，我真的是心如刀绞，真的很想转让了这家网吧，出去做一点别的事情。之所以还在犹豫，是因为全家所有的积蓄都投在这家网吧里了，转让出去的话，损失会很大。但是赚钱跟女儿的学习成绩相比，太不重要了。我宁愿不赚这些钱，也不能毁了孩子的前途。"

我说："您跟我说这些事情，其实就说明，您心底里是不希望转让网吧的。网吧对您全家来讲，非常重要，转让的事情非同小可。要不然您不会向我求助，早就作出决断了。现在无非就是两种选择：第一种选择就是转让网吧，另寻生计；第二种选择就是保留网吧。其实，这两种选择的背后，一个关键的决定因素就是女儿能否远离网络游戏。如果只是让孩子厌恶网络游戏，方法还是有的。"

家长一听，马上就有些兴奋了："刘老师，您快说说，有什么好方法吗？"

我说："方法很简单，只有八个字：恶化心情，改变情绪。"

家长有些不解："具体怎么做？"

我说："具体就是找一个时间充足的假期，强迫孩子打开电脑玩游戏，直玩到她内心厌恶为止。"

家长不乐意了："刘老师，这还用强迫吗？孩子每天一放学就想着这个，你只要允许她玩电脑，她欢天喜地还来不及，怎么会厌恶呢？"

我说："现在孩子喜欢玩电脑游戏是事实，但是我这个方法的关键技术就在'强迫'这两个字上。以前你是禁止她玩，从心理学的角度来讲，这时候就会出现'禁果效应'：越是禁止的东西，人们越要得到手。通常我们越掩盖某个信息不让别人知道，就越能勾起别人的好奇心和探求欲，反而促使别人试图利用一切渠道来获取被掩盖的信息。你找一个合适的时间段，不但允许孩子玩游戏，而且还强迫她一定要玩足多少时间，一定要强迫她直至内心产生厌恶感为止。"

家长一脸迷茫："刘老师，这样做有什么理由吗？"

我说："有呀，这样做的理论依据，就是通过恶化孩子的体验，来改变孩子的情绪。你不是说孩子之前玩游戏是欢天喜地吗？说明孩子对玩游戏这件事情，内心愉悦，充满了欣喜。我们的策略就是改变她这种欢天喜地的心情，使她变得烦躁、郁闷、痛苦，心情一旦变了，那么她对玩游戏这件事情的情绪也变了，由原先的渴望玩，变成厌恶玩。但是，怎么来改变她的心情呢？关键技术就是强迫。我们每个人都特别讨厌被别人强迫，哪怕这件事情是自己最喜欢做的，强迫自己的是最亲近的人都不行。

"我跟你讲一个故事吧。前几天，我收到一个家长的短信：'刘老师，您好，我是一名小学老师，现在有一个很棘手的问题，想向您请教。我的儿子今年 10 岁了，可是体重却只有 52 斤，看上去瘦骨嶙峋。好多人看见我孩子都说太瘦了，得多给孩子补充点营养。说实话，每次听别人说这话，我都很无奈。从小孩子就不好好吃饭，让他自己吃，一碗饭吃一个钟头都吃不完，他奶奶实在看不下去了，就抢过饭碗喂他。喂的时候稍微快一点，基本上20分钟能喂完。前几天，我去走亲戚，亲戚家的孩子，还只有两三岁，就能自己用筷子吃鱼头。那孩子长得生龙活虎的，鱼那么多刺，他居然专挑刺多的部位吃。说实话，看到这个情景，我真的是羡慕极了！我的儿子要是也能自己用筷子吃鱼头就好了！从读一年级开始，我就带着儿子在自己的学校上学，现在儿子四年级，儿子的教室跟我的办公室不在同一栋教学楼。为了给儿子增加营养，我每天给他准备了一个苹果、一杯牛奶、一个鸡蛋，带到学校办公室，规定他必须在下课以后过来吃完。每次他倒是按时过来了，吃东西总是慢腾腾，他告诉我说吃不完的带回教室去吃。我不放心，于是就悄悄尾随他，结果他在回教室的路上，就把我给他辛辛苦苦准备的营养加餐丢进了垃圾桶。您能教教我怎么做吗？我觉得自己做妈太失败了。'我问：'您亲戚家的孩子吃鱼头，是家长硬塞给他的，还是他自己要吃的？'家长说：'是孩子自己要吃的。那孩子一上饭桌，看见有鱼，马上说，他要吃鱼头。他爸爸不肯给他，说小孩子要懂礼貌，现在有这么多客人。我跟他爸爸说，孩子喜欢就让他吃吧，只是鱼头有这么多刺，孩子这么小，可以吃吗？他爸爸说，这个倒不用担心。我于是就将鱼头夹给了孩子，没想到他吃得那么熟练，那么顺畅，鱼刺对他来说，根本就构不成问题。当时看了，真的好羡慕好羡慕。'我说：'奥妙就在这里——孩子自己想吃。您家的孩子，为什么不能好好吃饭？最主要的原因，就是您用多了强迫——强迫孩子要补充多少营养，强迫孩子要吃哪些东西。对于孩子来讲，强迫就是最好的厌食药物。强迫最大的坏处是什么，您知道吗？'家长说不知道。我说：'强迫最大的坏处就是恶化人的心情，本来人肚子饿了，吃饭是欢天喜地的事情。但是家长一强迫，心情就变了，变成郁闷、烦躁、痛苦了，心情一变，情绪就变了，原本对美食有欲望的情绪，变成厌恶的情绪了。'后来，这位家长采纳我的建议，每天只是将食物准备好，不再强迫孩子吃饭，孩子想吃就吃，不想吃就不吃，慢慢地，孩子又恢复了对美食的欲望。今天我们要帮助孩子戒除网瘾，就要效仿这个家长之前的做法——强迫是最好的厌食药物。"

家长一听，明白了："刘老师，我知道怎么做了。"

后来，这位家长是这么操作的：

十一放国庆假的时候，孩子到了网吧，书包一扔，迫不及待地打开了电脑玩游戏。家长走过去，对女儿说："放假了，好好玩。"然后就走开了。

吃晚饭的时候，家长将饭菜送到女儿跟前，拍拍女儿的头说："技术越来越好了！继续玩！"

到了晚上十二点，家长将一杯牛奶送到女儿跟前，说："难得有这么长的假期，今天就玩个够，玩一个通宵吧！"女儿一听妈妈如此开明，大喜过望，接过杯子喝了牛奶，继续玩。

到第二天早晨七点，家长准时将早餐送上，拍拍孩子的头说："继续玩！"

到中午吃饭的时候，女儿说："我有点困了，想歇歇。"

家长说："难得有这样的假期，不要错过机会了，再玩会儿。"

女儿又接着玩，到中午两点的时候，实在太困了，就趴在电脑桌前睡着了。大约过了两个钟头，家长将女儿唤醒，告诉她说该玩游戏了。女儿因为休息了一会儿，又精神十足地打开了游戏软件。

到晚上十二点的时候，女儿说她累了，想睡觉，不想玩游戏了。家长说："难得有这样的机会，再玩会儿。"

女儿一听，说："真的不想玩了！"

家长说："必须再玩会儿！"

女儿只好又接着玩。到第三天吃早餐的时候，女儿开始求饶了："妈妈，我真的不想玩游戏了，我想睡觉。"

家长看孩子实在是坚持不住了，说："那好，你先睡两个钟头，两个钟头以后，我再叫你起床玩游戏。"

孩子说："妈妈，你就别叫我了，我要睡十个钟头才行。"

家长说："怎么行，这么好的假期，千万别浪费了。"

孩子睡了两个钟头以后，家长就去叫女儿："起床！起床！玩游戏的时间到了！"

女儿说："让我睡会儿，我不玩了！"

十个钟头以后，女儿醒了。妈妈主动打开电脑的游戏软件："乖女儿，玩游戏的时间到了！"

女儿说："妈妈，我不玩游戏了，我要做作业！"

家长说："做作业不急，还有时间，先玩会儿。"

女儿说："不玩了，再也不想玩了……"

期末考试的时候，家长告诉我："刘老师，孩子的成绩上升了，又回到班级前十名行列里了，感谢您教的方法。"

后　记

我还用类似的方法，帮助一个孩子戒除了电视瘾。

有一个父亲跟我说，他儿子 14 岁，上初二了，喜欢看电视。每天放学回家，放下书包，就是打开电视。吃完晚饭以后，还要看一个钟头的电视。每次都要家长再三催促，他才心不甘情不愿地回房间做作业。每次离开电视机都是恋恋不舍，一步三回头。家长很焦急，问我怎么办。

我问家长："假如允许孩子看电视，最坏的结果会怎么样？"

家长说："最坏的结果就是孩子成绩再倒退一点。"

我说："对这样的结果，您有没有承受能力？"

家长说："应该可以承受。反正现在孩子这样的学习状态，成绩上要有大的进步也不可能。"

我说："那好，您试试我的一个方法。从今天开始，孩子一进家门，您就打开电视机，对孩子说，看电视的时间到了！吃完晚饭以后，不再催促孩子回房间做作业，如果儿子想回房间做作业，您都应该制止他，跟他说，时间还早，再看会儿电视也不迟。现在我们的思路是，尽量强迫孩子多看会儿电视。这个方法要想产生实质性效果，关键的技术就是'强迫'，'强迫'看电视的时间越久，'强迫'的次数越多，孩子内心的厌恶感就会越强，效果就会越好。"

家长还是有些犹豫："刘老师，孩子现在不让他看电视，他都已经控制不住自己了，如果允许甚至还要强迫他看电视，那孩子是不是会越发上瘾？"

我说:"您之前的做法,叫'逆向强迫'——强迫孩子不看电视,现在我们采取的方法是'正向强迫'——强迫孩子看电视。这两种都是'强迫',孩子会朝我们'强迫'的相反方向走。您如果确实想改变孩子的这个习惯,那就不妨试一试,反正最坏的结果您也能承受得了,怕什么?"

家长一听有理,于是就大胆进行了尝试。一个月以后,家长告诉我说:"刘老师,您教的方法真有效。最终孩子向我求饶说:'爸爸,我不想看电视了,我要做作业。'"

思路点拨

强迫让人厌恶,你强迫一个人,就会逼迫这个人往你强迫的相反方向走。学生沉湎网络游戏,家长和老师都很苦恼,于是强迫他不玩,实际上是逼迫他往玩的方向走。如果反过来,强迫他玩,他反而会往不想玩的方向走。其实学习也是如此,有一些家长和老师,看到孩子在玩耍,不做作业,内心就焦虑,就恐慌,一定要看到孩子坐到书桌前才安心。于是就强迫孩子坐到书桌前,强迫孩子打开书本。其实这样的管理对孩子的学习一点用处都没有,反而败坏了孩子学习的心情,让他更加厌恶学习,厌恶书本。

如何让在家里遭受漠视的学生重整旗鼓

问题聚焦 🔍

一个男生，在家里遭受继父的漠视，每学期开学都没有学费，每次开家长会都没有人来，每次班级组织的户外活动他都不能参加……他对学习生活失去信心，萎靡不振。

开学已经两天了，一个叫阳阳的孩子还没有来报到。他是转学了，还是外出了？我不得而知。按照学校提供的住址，我找到了阳阳的家。看见我的到来，阳阳的眼睛里闪过一丝亮光，似乎有一点点惊喜。对我这个不请自来的班主任，他应该表现出"手足无措"才符合常识啊。我很好奇他为什么有这种反应！

阳阳突然用一种我根本就听不懂的方言跟他妈妈说话，而他的妹妹也在用同一种方言跟她的妈妈说着什么。阳阳不是本地人？我有点意外。阳阳告诉我，他和妹妹都出生在吉首，8岁那年，他才跟着妈妈来到这个家。

看到有老师来做家访，周围的邻居闻讯都围拢过来，说不尽的谢谢。我颇为疑惑，我来做家访，怎么邻居们也来感谢我？关他们什么事呢？经过交谈，才知道阳阳的继父对拿钱供养这两个"非亲非故"的孩子读书，一直有些心不甘情不愿，每次开学，孩子都没有学费。

一热心的邻居拨通了阳阳继父的电话，很快，一个中年男子骑着摩托车赶了回来。让我始料不及的是，他居然说他已经多次催促阳阳去学校报到了，而这几天自己实在太忙，一直抽不出时间来送他。他颇有些气恼地转身"埋怨"阳阳依赖性太强："难道自己就不能独立去学校吗？"

阳阳的母亲坐在房间的角落里，静静地听我与她的男人进行交涉，不发一言，但她眼睛里的感激和期待让我心头沉重。这是一个不善言辞的女人，她的胆怯让她不可避免地陷入了家庭的"弱势"，但她的胆怯，又注定了她无力摆脱这种家庭的"弱势地位"。难怪那些邻居们都围拢来帮着这个女人说话，大抵在每一个人人性的"底线"处，都装满了对弱势群体的同情。

后来我才知道，阳阳的继父是赌博的时候有钱，交学费的时候没钱。发了工资，这个四十多岁的男人也学年轻人玩"月光"，在牌桌上一掷千金，一夜之间就能输掉一两千元，还经常邀请一些"酒肉朋友"出去大吃大喝，但一到开学，他的口袋里就空了。幼小的阳阳，对继父的逆反由来已久，父子之间已经"积怨很深"。

从阳阳家回来，我的心情一直很沉重。直觉告诉我，这个孩子的心里肯定有阴影。这个阴影就像一个正在聚变的核原料，积蓄的时间越长，爆发时的能量越大。

我跟阳阳的前任班主任联系，询问阳阳在学校的表现。前任班主任说：阳阳这孩子，每期开学都没有学费，经常是开学两个星期都不来上学。性格内向，在班上也没有朋友，比较孤僻，成绩也是经常不及格。前任班主任做了很多的思想工作，希望他积极一点，开朗一点，但收效甚微。

这孩子，我真担心他有一天会做出极端的事来。前任班主任最后的这一句话，让我意识到肩上的责任重大："对于阳阳来讲，继父的漠视，是对他最大的伤害。"

每期开学都没有学费，每次开家长会都没有人来，每次班级组织的户外活动他都不能参加……当他经受了一次一次的漠视，他还会对家庭心存希望吗？这样下去，总有一天，他的心灵就会被扭曲，对继父产生深深的敌意，对家庭产生深深的敌意，甚至会对社会产生深深的敌意。一旦如此，这个学生的一生就毁了。那么，怎么才能驱散这个孩子心头的阴霾呢？我想，他需要的不是老师的说教，而是实实在在的重视——老师和家长的重视！家长的重视，我无能为力，但学校、班级可以给他足够的重视。思路由此确定，具体采取一些什么措施，我在等待时机。

时机很快就来了。国庆节临近，学校正在紧锣密鼓地筹备一次"歌咏比赛"，各班都在"谋划"和"行动"之中。我把班长小敏找来，告诉她："音乐老师推荐我们班唱《众人划桨开大船》和《在太行山上》这两首歌。你去征询一下大家的意见，如果没意见，顺便物色一男一女两个领唱，一个指挥。"小敏高兴地领命而去。

第二天，小敏说："所有的事情都已经落实：第一，大家都同意选这两首歌；第二，领唱的男生是阳阳，女生是李梅；第三，指挥是我。"

领唱的男生是阳阳？我有一种莫名的兴奋，在以往的交流中，好像没有发现过这孩子有"音乐细胞"。我不动声色地问小敏："为什么选择阳阳？"

小敏回答说："阳阳平时就喜欢唱《众人划桨开大船》这首歌，这次他是毛遂自荐。"

我说："那好，叫他来试唱一次。"其实试唱只是走过场而已，我决定用他。

阳阳在办公室里很卖力地试唱了一次。说实话，不是很理想，声音有点嘶哑，没有乐感，跟"吼"差不多，有几处明显的错误。

跟我一起做"现场评委"的还有同办公室的高老师，她是我们班的联班老师，教我们班的英语。高老师很负责地指出了阳阳演唱上的缺陷，并作了"现场指导"。阳阳的信心显然受到了打击，他站在办公桌的旁边，对高老师的指导有些心不在焉，脸上有悻悻之色。他在等待着我的裁判。

我几乎没有思考，春风满面地对他说："阳阳，你很有勇气，老师就把这个光荣的'历史任务'交给你了，希望你能给我们班争光，拿个一等奖回来。"

"好！一定完成任务。"阳阳忙不迭地点头。

等学生都出去以后，高老师问我："为什么是这样的选择？也许在男生中有更合适的。"

我说："活动的结果不是最重要的，在活动中锻炼、培养、发展人，才是最重要的。从教育的角度来说，他是我们班最合适的男领唱。"

高老师点点头说："你的思考总是站在学生发展的角度，让人信服。"

比赛的这一天终于到了。临上场的时候，我给学生打气："大家不要紧张，就凭我们高人一筹的设计，我们稳拿第一。"

学生已经在台上站好了，小敏也按照事先的设计，举起了双手。起唱很顺利，我坐在台下，一颗悬着的心放下了，学生如果能将平时的演唱水平发挥出来，拿一个高分数是不成问题的，我有这样的信心。

忽然，意外出现了，在大庭广众之下，阳阳居然卡壳了。他唱了前一句，竟然已经记不起下一句了。他面色苍白，一时手足无措。在他身后的其他同学面面相觑，焦急万分，很多同学的目光开始四处搜寻，在人群中寻找我的身影。我连忙站起来，向学生靠拢。关键时刻，还是小敏沉得住起，她马上小声地提醒了阳阳一句——歌声继续飞扬，但这个间隙有足足五秒钟的时间。

我们班的演唱终于结束了，队伍在小敏的指挥下，从我的面前鱼贯而过。当阳阳走过我面前的时候，他很低沉地说了一句："刘老师，对不起！"

我一把拢住阳阳的肩头："今天的失误主要是老师的责任，第一是咱们练得太少，仓促之中就让你上阵了；第二，老师应该提醒你准备一张小纸条，放在手心里。但你能有今天这样的表现，老师已经很满意了。"

比赛的结果是，我们班二等奖。

放学的时候，有学生说："都怪阳阳筐瓢（湖南方言，失误的意思）了，要不然我们班稳拿第一名。"

我马上纠正说："阳阳没有筐瓢，他只是由于紧张稍微停顿了一下。我们应该感谢他，为我们班赢得了荣誉。"听我这么一说，很多同学都鼓起掌来，表示对阳阳的理解和尊重。

歌咏比赛以后，高老师说："真不敢相信，阳阳这一段时间的变化真是判若两人。"

我心头窃喜，但不露声色，问高老师："阳阳主要有哪些方面的变化？"

高老师很兴奋地说："你没看见？他现在每节课下课，就直奔办公室，不是来请教语法，就是来默写单词，还经常主动申请'英语小测验'。"

有一天，阳阳问我："怎样才能迅速提高学习成绩？"

我说："要提高学习成绩，没有什么捷径可走，只有一个笨办法，那就是'过度学习'。著名数学家华罗庚小时候的才华并不突出，别人用一天时间学完的东西，他要学好几天。但是他对此并不抱怨，而是坚持把问题弄得一清二楚，把需要记住的东西全记下来。奇怪的是，过了一段时间，别人几天才能学完的东西，他用一天就能学完，而且掌握得比别人更好。"

阳阳很认真地点了点头："刘老师，我知道怎么做了。"

一天上午，我第四节没有课，就提前几分钟到食堂吃中餐。吃过之后，就习惯性地往教室走。没想到，我还没有进教室，阳阳忽然从后面追了上来，赶在我之前冲进了教室。我有些怀疑地问阳阳："你吃饭了吗？"

阳阳很阳光地回答说："吃过了。"边说边打开一张数学试卷，做了起来。

教师食堂与学生食堂相隔并不远，我记得自己在吃饭的时候，确实看到了阳阳。我抬手看表，第四节课下课到现在，仅仅过去了十分钟，在这十分钟里，阳阳居然吃完午饭进了教室。学校规定的吃饭时间是三十分钟，看来，阳阳是想从这三十分钟里挤出二十分钟来进行学习。

放学的时候，我特意"隆重"地表扬了阳阳。我说："阳阳的行动为我们证明了两个道理：第一个就是时间就像海绵，只要去挤，总可以挤出一些来；第二个就是每一个人的潜能都是一座宝藏，只要去挖掘，总可以找到一些令人惊喜的东西。"

我看全班同学都用仰视的目光注视着阳阳，就有意"挑起竞争"："如果谁能在午餐后比阳阳领先一步进入教室，老师将奖励那个学生一颗'猪猪侠'的'超级棒棒糖'。"

这一次表扬以后，我每次吃完午饭走进教室，都能看到阳阳在座位上已开始了学习。一个月过去了，居然没有一个学生领到"棒棒糖"。我心底里颇有些过意不去，我想我是不是太"残酷"了，用这样的方式去"逼迫"一个学生。

后来，我虽然故意推迟了午餐后进教室的时间，但学习委员谢娟报告说，她一直想超越阳阳一次，但几经努力，一次都没有成功。

现在，阳阳的学习效率极高，同样一张数学练习卷，很多人一个小时都做不完，他三十分钟就能解决问题。在他的强烈要求下，我每天给他布置三倍的作业量，他依然完成得很轻松。期中考试，阳阳非常顺利地进入到了班级的前十名。

学生在家里遭受漠视，站在学生的角度来讲，他需要什么？如果稍加思考，我们就能想到，他需要的是他人的重视：重视他在班级的存在，重视他的努力，重视他的进步。所以，转化这样的学生，安慰、鼓励、同情都是不会有效的，他需要的是真真实实的重视。所有的班级活动都是为育人服务的，如果班主任有这样一种思想，就会将学校组织的每一个大型活动，都看成是育人的载体，而不是为自己获得"荣光"的比赛性活动。所以，为了育人，宁愿不获奖，也要将机会送给那些最需要锻炼的学生。

思路点拨

如何将学生的智力通道打开

问题聚焦 🔍

　　一个单词抄了30遍，读了几十遍，还是默错；一道数学题，做了许多遍，也考了许多次，最后考试的时候还是做错。这个学生是不是智力有问题？

　　好长一段时间，在一班上数学课，我内心都有一种怨恨。总是有五六个学生，影响我上课的心情。尤其是一个叫小莉的女生，上课经常是心不在焉，我每次视线扫过她那里的时候，都发现她的眼睛偏转了方向，不知道她在干什么，也不知道她在想什么。每次，我都是点名："小莉！"

　　听到我叫她的名字，她总是好似突然回过神来一样："啊——"

　　我看她的脸，小小年纪，居然紧锁眉头，一脸的苦大仇深。我在讲台上做一个视线旋转的手势，她稍稍挪动一下自己的身体，视线也随着我的手势偏转过来。

　　但是，过了几分钟，我再看她，发现她的视线又发生了偏离。我再次叫她："小莉！"

　　"啊——"她又是突然回过神来的样子，抬头又是一脸的苦大仇深。我在心里想，她怎么就不会笑呢？

　　好几次，在办公室里我看到英语老师在处罚学生的时候，有她的身影。

对老师的任何处罚，她都接受，只是混在那些粗犷的男生里，这个有些文弱的女孩，实在有点不协调，心里感觉她就不应该属于这一个群体。

我跟英语老师讲，如果小莉只是上课不专心，没有故意违纪，不要跟那些上课故意违纪的男生一起处罚，这样不利于她的成长。英语老师则有不同的意见，小莉上课的时候不认真、不专注，怎么就不能进行处罚？

我说："不认真、不专注是学习能力的问题，故意违纪是态度问题，这两者之间是有本质区别的。"

英语老师似有所悟："刘老师，看来我得改改方法了。"

一班的任课老师基本上都在同一个办公室里办公。有一次，英语老师在看学生默写的时候，突然问我："刘老师，一班这个小莉，你觉得智商有问题吗？"办公室里很多任课老师正好都在，立即就有人附和："我也觉得有问题！应该是有问题！"

说实话，我真的不认为小莉智商有问题，因为我测试过——一次我让她算 45×7，结果她很快就告诉了我正确答案。但是她在文化学习上确实又表现得很笨拙、很迟钝。我站起来，走近英语老师："有证据吗？"

"单词'student'，课堂上抄写了 10 遍，家庭作业又抄了 10 遍，早读时间，课代表还领着全班学生读了几十遍，第一次单词默写错误罚抄了 10 遍，结果第二次单词默写她又写错了。你说，她是不是智商有问题？"

我说："一个单词抄了 30 遍，读了几十遍，还是默错，这与智力无关。"

英语老师不解："与智力无关，与什么有关？"

我说："与她内心的情绪有关。一个人内心的消极可以把她智力的通道统统堵死，小莉在学习上表现出迟钝、笨拙，最根本的原因是她内心消极，对学习充满抗拒。所以即使是最简单的一个单词，重复抄写、识记几十遍，她也学不会。实际上，在这个班，不只有小莉，还有小春、小涛、小达、小浩、小伟……这些学生上课要么发呆，要么东张西望，要么睡觉，各种各样的学习不认真、不专注层出不穷。有好几次我都想发火，将这些学生狠狠地训斥一顿。每次我都克制住了，我告诉自己，恐惧虽然能起一时之效，让课堂安静下来，但是恐惧有一个最大的缺陷，就是让学生智力的通道统统都堵塞。在学生的智力通道已经严重闭塞的情况下，再去对学生进行训斥，只会让学生对学习的厌恶雪上加霜，越发让他们学不进去。以往我是有沉痛教训的。有一个男生，一道数学应用题，在课堂上讲解过，在课堂作业本上做过，结果在单元小测验中，他做错了，我把他叫到办公室进行了一番严厉的批评；结果在期中考试中，这个学生又做错了，再次进行一番严厉的批评；而期末考试的时候，这个学生还是做错了。我气急败坏地逼问他：'你为什么一次又一次做错？'这个男生一脸惊惧地对我说：'老师，我真的不知道怎么做。'"

任课老师们一听，纷纷点头："刘老师，你说是不是我们之前都用错了方法？学生只要不认真听课，就进行严厉批评，指责学生学习不长进，甚至威胁学生要请家长，对家长进行指责，这让学生内心恐惧，反而将智力的通道越堵越死了。"

我呵呵一笑："应该是用错了方法，不过，这时候改正还为时不晚。"

英语老师问："那老师应该怎么做，才能将小莉的智力通道打开呢？"

我说："只有一种方法可以将她的智力通道打开，那就是让她内心快乐。"

英语老师一听，泄气了："我当然也知道学生内心快乐就会思维敏捷，但是学生内心快不快乐，那是她自己的事情，我一个旁人，怎么能让学生内心快乐起来呢？"

我说："完全可以，有两种训练可以使学生内心快乐起来。"

任课老师们一听，脸上都有了期待："刘老师，哪两种训练？我们也跟你学学。"

我说："第一种训练，叫眼球向上训练。一个人如果眼球向下表示陷入情绪，眼球平转表示启动倾听模式，眼球向上表示进入大脑思考模式。你看小莉，平时上课的时候，她的眼球都是向下的，我们得想办法让她把眼球转起来，平转上转都可以。这样就可以帮助她从低落的情绪里走出来。第二种训练，叫微笑训练。我们不看人，只看照片，也会有这样的感觉：一个笑容生动的人，我们会觉得他'一脸福相'；而一个愁眉苦脸的人，我们会觉得他'一脸苦相'。'一脸福相'的人，总是生活态度更积极一些，好运气也总是降临到这些人头上。而'一脸苦相'的人，生活态度就要消极一些，生活中诸多的不如意让他心中苦闷，不愿意积极主动与人交往，不愿意主动去解决问题，往往坏运气也会随之而来。心理学研究表明，微笑具有一种神奇的力量，它可以让我们保持积极的心态。当我们微笑的时候，身体向大脑传输的信息是'生活是美好的'。微笑会让消极、压力和恐惧都离我们而去，人在无压力无恐惧的精神状态下，思维会变得敏捷起来，给外界的感受就是，人也变得聪明了。"

任课老师们一听，纷纷都表示认同："刘老师，我们也都按照你说的方法去训练学生，看能不能将学生的智力通道打开。"

我说："这样最好。其实，我之所以跟大家介绍这些，一个出发点就是希望我们一班的任课老师们一齐施力，将学生的智力通道都打开，让学生们一个个都变得聪明起来。"

大家都说"好"。

在一班上课的时候，我总是抓住一切机会，对学生进行眼球向上的训练。比如说，上第四节课，眼保健操做完了，广播的最后还有一句话：请到室外活动，或眺望远方。我说："接下来我们马上就要上课了，室外活动就免了，我们一起来眺望远方吧。"我用右手在额前做了一个手搭凉棚的动作，眺望远方。学生跟我一起做这个动作，我发现小莉做得不够标准，于是特意走到她的跟前，示范如何做这个动作。

有时候，我还跟学生做小游戏。我将"最喜欢做的事情就是上刘老师的数学课"这句话写在一张白纸上，然后将这张纸粘贴在数学书上，请班级最高的学生高高举起数学书在教室过道里快速走一次，谁看清楚了白纸上的文字，就奖励一次上黑板答题的机会。

有时候，我还会请小莉看她头顶上的电风扇，请她用三个词描述电风扇的颜色、形状什么的。

微笑训练，我采用的是幽默调侃的方法，我给自己设定了一个目标，那就是一堂课下来，学生至少笑三次。说实话，在一班上课的很长一段时间，课堂上总有一些学生违纪。看到那些上课不认真、不专注的学生，有好几次我都想发火，但最终还是忍住了。我的方法是，将学生所有的这些违纪，一一转变成对学生进行微笑训练的契机，如果学生在课堂上有一些特殊举动，我都会借机发挥一番，将学生逗笑。比如说在上数学课的时候，我发现小洋飞快地从邻桌小盼那里拿了一样东西，具体是什么，由于他坐在最后面，我没看清楚。

我微微一笑说："老师今天才发现，小洋同学身手相当敏捷。"

学生不解："老师，你怎么发现的？"

我说："刚刚发现的。就在刚才，小洋同学以迅雷不及掩耳之势，从小盼那里拿了一样东西。"为了直观，我还亲自演示了一遍，飞快地从小韵的桌上抓了一支笔。全班同学大笑，小洋呢，笑得很尴尬。

又如，在上第四节课的时候，我发现小渝在打瞌睡，虽然人坐着，但脑袋有点支持不住，眼睛在一睁一闭，头在一低一抬。我走过去说："要不，我给你拿一个垫子吧！要不然，把头磕破了就麻烦了！"全班同学又是一阵大笑，小渝反而醒了！

有一次，小龙说："老师，我来帮你擦黑板。"

我看他很用力，擦得也很干净，就说："老师看到小龙擦黑板，就想唱一首歌。"

学生说："你唱噻。"

于是，我就唱了一句："咱们小龙有力量！"

学生大笑，有学生说："老师，你唱歌就跟讲话一样。"

我呵呵一笑，说："本来还想多唱几句的，发现后面的不太好编词，下次编好了词再来唱。"

学生说："好！说话要算数哦！"

我说："一定算数！"

训练进行了一个月、两个月，甚至一个学期了，任课老师们总是看不到明显的效果，小莉表现得还是那么迟钝。有些老师就怀疑："刘老师，你这种方法到底有没有用？"

我说："大家不要急躁，事情总有一个过程，现在我们需要做的就是慢慢进行量的积累，等待某一天质的变化。"

我在一班上课已经快一年的时间了，在这期间我从来没有高声训斥过任何一个学生。不是学生在我上课的时候不违纪，而是那些违纪现象并没有触及我的教育底线，所以都不需要进行严厉批评。而且，我的课堂纪律一直还算良好，绝大多数学生喜欢上数学课。

第二个学期的某一天，我发现小莉上课分神的现象有了明显的好转，练习的时候我看她在后面讲话，于是就踱过去观察，原来她在向身边的高手请教，令人惊喜的是，她居然做对了一些习题。

有一次上课，我发现她整节课都很认真，于是就开始点她的名，首先是让她练二元一次方程变形，用含 x 的式子表示 y，她说得很正确，我越发信心充足了。接下来是练习解方程，我在黑板上板书了两道习题。让学生自己去探索了一分钟以后，我点了小莉的名字："小莉，你可以做第一题吗？"

她一脸的微笑，只是有些犹豫："老师，我怕做不好！"

我鼓励她："你这些天已经进步很明显了，你一定能行的，你要相信自己。"我的目光坚定而温暖，或许她受到了鼓励，或许她确实对自己有了信心，只稍稍犹豫了一下，她还是勇敢地站了起来，走了上来。

我知道她独立解题肯定还是有一些困难，于是就一直站在她旁边。不知道是因为紧张还是什么原因，好一会儿她拿着粉笔站在哪里，不知道如何下笔，我在旁边小声提醒了她一句，她马上明白过来，迅速书写起来。在一个计算环节，她还是出现了错误，我又小声提醒她一句，她马上纠正过来。后面的计算，比较顺利，但是从她亦步亦趋的书写计算过程来看，她的计算能力确实还是存在一些问题。不过，她能够在老师的提示下，将一道题完整地解答出来，已经是非常大的进步了。

点评的时候，我给小莉总结了三个关键词：书写工整，过程清晰，完美无缺。每一个字都写得很认真，解答的格式、步骤，清晰流畅，而且整个解题过程没有任何瑕疵，找不出任何缺陷。

听完我的点评，很多同学都自发地鼓掌。小莉呢，上个学期一直板着的脸上，有了生动的笑容。

下课回到办公室以后，我马上跟英语老师分享："小莉这段时间上课专心多了，而且，我发现她能正确解答二元一次方程了。尽管在计算上仍然有一些缺陷，但那是过去学习计算基础不扎实造成的，二元一次方程的解题思路她是完全掌握了。"

英语老师也是一脸的兴奋："刘老师，我也发现了，这段时间小莉的单词默写正确率也提高了不少。"

所有的任课老师都说，小莉这段时间确实表现得越来越聪明了。

我们都很高兴，小莉的智力通道终于慢慢打开了一条缝隙。

学生在学习上表现出迟钝，如果从第一序改变的角度来看，那就是学生智力有问题。其实我们看到的只是一种表象，学生并不是真的智力有问题。而第二序改变，则是站在学生的角度想问题：学生之所以反应迟钝，真正原因是内心消极，致使他精神颓废，意志消沉，无论干什么都笨拙，都迟钝。所以只要消解他内心的消极情绪，训练他慢慢学会微笑、学会眼球向上看，一点点消除他内心的消极情绪，他自然就会变得聪明起来，因为他原本就是聪明的。

思路点拨

如何提高学生的"跛科"成绩

问题聚焦 🔍

　　　　学生出现了"跛科",通常的做法是直接补"跛科"。
这种做法看上去很正确,其实做错了,花费了很多时间和
精力,还是无法将"跛科"补起来。

　　初一第一学期期中考试后,我正在阅卷。语文老师拿着一张试卷直奔我而来,脸上肌肉绷得很紧,看这个架势,我就知道没有什么好事。"你看看这个小超,怎样考试的? 50 分的作文,他竟然不写一个字。"语文老师声音有点震耳,"写得好不好,是能力问题,写不写,是态度问题,这个小超,太懒了。不好好整治整治他,他还不知道收敛了。"

　　这时,教英语的高老师走了进来:"刘老师,你看看小超的英语成绩,才 18 分,连 26 个字母都默不完整,真不知他上课干什么去了!"我接过英语试卷一看,果然错得一塌糊涂。

　　走进初中校门的第一次期中考试,小超只有数学好一点,得了 88 分。

　　对此,高老师很有意见:"你当班主任,可不能'自私自利',自己教的学科就'特别优秀',自己不教的学科就任他'特别差劲'。"

　　其实他的数学成绩也就 88 分,还远没有达到冒尖的程度。我劝两位老师说:"别急,教育是慢的艺术,我们慢慢来。"

我虽然表面上看起来很平静，但内心实际上心急如焚。时间不等人啊，孩子在初中的学习也就三年的时间。怎样才能提高小超的"跛科"成绩呢？我跟高老师说："我已经制定好了一个转化策略，但需要你的支持。"

高老师一脸兴奋："只要能提高小超的英语成绩，没有不支持的。"

我一脸坏笑："从现在开始，你先让一让，不逼迫小超去提高英语成绩，等我把小超的数学优势做大做强以后，再回过头来提高英语成绩，你看怎么样？"

高老师一听，急了："唉？你这个当班主任的，可不能太自私，你那数学要做大做强，难道英语就该积贫积弱吗？"

我微笑着解释说："我这不是要放弃英语，而是实施的一种育人策略，叫作'用先开启的智能带动未开启的智能'。我们都知道，人是有多种智能的，在教育实践中，我们经常会遇到一些学生，似乎天生就会写作文，天生就会唱歌，天生就会打篮球……这些学生在某一方面表现出异于常人的能力。对于这些有天赋的学生，我们往往又会发现他们在另一个方面发展很慢，比如说会写作文的数学成绩不好，会唱歌的不会写作文，等等。这种现象说明，一个人所有智能的开发，并不是齐头并进的，他在这一方面智能开发得早，就有可能另一方面的智能开发得晚一些。但是，二十多年的教育实践告诉我，一个人已经开启的智能如果得到鼓励和肯定，可以带动未开启的智能的发展。我这绝不是信口开河，有很多的实例为证。

"我在 2002 年带的一个班上，有一个篮球队长，他在上初中以前，数学成绩一直不好。据他父亲介绍，别的孩子小学一二年级时数学考 100 分，他只考 80 分；三年级时别的孩子考 90 分，他只能考 60 多分；到了初一，他的数学成绩就一直在 40 分左右徘徊了。但他有自己的天赋，喜欢打篮球，而且球性很好。他原本在另外一所学校读书，后来转到我的班上。进班的时候，他父亲询问我，是不是让孩子停止打球，以便腾出更多的时间来学习。我说：'如果你把他打球的时间给掐了，那孩子提高成绩就彻底没希望了，如果继续让他打球，则还有可能提高成绩。'他父亲听我这么一说，同意他继续打球。我接手以后，并没有因为他成绩不好就成天逼他学习，而是尽量给他提供一些展示自我的舞台，让他当班级篮球队长，负责组织班级篮球队的训练。为了鼓励他，他成绩不及格，我期末也给他发奖状，评他为'体育标兵'，因为他是体训生，每次校运会都能为班级争很多分。由于老师们对他非常重视，他始终对自己充满自信，始终保持好学生的感觉。到初三的时候，他的学习智能开启了，中考数学考了100多分，而且考取了我们宁乡县的玉潭中学，后来还考取了理想的大学。这个学生，就是在运动智能得到肯定和鼓励后，带动了学习智能的开启。

"还有一个女生，初一的时候歌唱得非常好，经常代表班级参加学校的文艺汇演，但是文化成绩不好。她的爸爸妈妈跟我说：'我这孩子不喜欢学习就喜欢唱歌，是不是要从现在开始禁止她唱歌，让她专心学习？'我说：'你如果采用这种方法，那就把这个孩子给彻底坑了，她将来不但学习成绩提高不了，一个天生的好嗓子也给毁了。'在后来的育人过程中，我将文化成绩暂时放下，鼓励她发挥自己的长处和优势，让她担任班级的文娱委员。每次学校组织歌咏比赛、文艺汇演活动的时候，我都把音乐老师请过来，指导她进行主题策划和活动设计。在她的努力下，我们班获得了很多奖项。这个女孩从音乐中找到了自信，找到了感觉。后来初中毕业考上了宁乡十三中，文化成绩也有了很大提高，高考的时候还凭音乐特长考上了大学。

"这两个事例说明：只有对学生已经开启的智能进行强化和鼓励，才是有效的、事半功倍的；如果反过来，忽视学生已经开启的智能，却对学生暂时未开启的智能持续施力，则只会事倍功半，浪费宝贵的时间和精力。同样的道理，今天的小超，要提高英语成绩，就必须将他数学方面的优势做大做强，这样他就能找到好学生的感觉，内心自信充沛，从而在某一天带动他英语智能的开发。"

高老师是一个有着丰富育人经验且责任心非常强的老师，听了我的解释，心里早已赞同了我的策略。

很快，我给小超量身定做了一个岗位——数学课代表。没想到这小子还很"卖力"，交家庭作业，收课堂作业本，主动性很强。

有一次，我接到通知，要到外地学习半个月。我马上将小超找来："现在老师要外出学习半个月，交给你一个光荣而艰巨任务，马上研究出一个数学课堂作业批改的操作程序来，明天交给我。要求只有一个，就是班上任何一个同学都可以按照你设计的程序批改作业。"

我原想这小子可能会叫屈——"你有这能耐，你怎么不自己动手呀？"没想到这小子二话不说，转身就出了办公室，第二天就交给我一个方案。

数学课堂作业批改程序

第一，检查解题格式是否正确，如果不正确，请用"＿＿＿"标示。

第二，检查语言是否精练；如果有多余的字，请用"△△"标示，如果有缺失的字，请用"Ｖ"标示。

第三，检查解题过程是否严密，如果有逻辑缺陷，请用"（ ）"标示。

第四，检查符号和作图是否准确，如果有错误，请用"○"标示。

第五，检查计算过程是否正确，如果有错误，请用"【 】"标示。

第六，检查书写是否工整。

如果作业实在无可挑剔，可以写上"非常优秀，向你学习"；如果作业尚有瑕疵，则要逐条写上批改意见，批改意见的后面，要像刘老师平时批阅作业一样，写一句勉励对方的话。批改的末尾，注明批改人和批改日期。

我一看，这小子，不错耶，这样一来，学生等于是做了两次作业：第一次是在自己的作业本上完成的，第二次是在批改的作业本上完成的。对方的优点和长处，能够进行借鉴和学习；对方的缺点和不足，也可引以为戒。

后来，我将这种作业批改方法命名为"小超数学作业批改法"。这个命名对小超的鼓励很大，他的数学成绩越来越好，很快就成了班级数学成绩最优秀学生之一。

我想，得趁热打铁，继续鼓励他数学智能的开发。怎么鼓励呢？我想到了自己一直在坚持写的班级系列人物传，对！指导全班写一篇小超的作文，可以让小超内心"好学生"的感觉扎根得"牢固"一点。

说干就干，又是一周的班会课，我走进教室，在黑板上写下标题：数学天才小超。

下面有一阵小小的骚动，我观察小超，他也正抬头看我，眼睛里有一点点兴奋，也有一点点羞怯。我脸上笑容温暖，静静地注视着他，他似乎经不起这种"炙烤"，很快低下头去，但转瞬又抬起头来，继续看我。

我转头看其他同学："大家说说看，天才是啥意思呢？"

小兵说："天才就是在某一方面特别有天赋。"

小林说："天才就是在某一方面能力特别强，思考和理解准确。"

我继续问："那么数学天才呢？"

小花说："数学天才当然是数学方面特别有天赋咯。"

我一听，心中窃喜，班队活动正渐入佳境呀："大家跟小超同学学习生活在一起这么久了，他在数学上有一些什么样的骄人表现大家也很清楚，畅所欲言吧。"

底下就"嗡嗡嗡"地说开了。

小敏说："小超的思维特别敏捷，一道数学题目，有时我们还没有把题目读懂，他就已经找到解题思路了。"

小娟说："他想问题特别全面，我特别佩服他。"

小妮说："小超的思考特别深刻，我做几何证明题总是找不到思路，一次，我拿一道题目去请教他……"

大家说得很兴奋，后来收上来的作文中，有很多的精品。我要求大家都将自己的文章录入电脑，放在班级网站的个人空间里……

一个学期以后，我看小超内心"好学生"的感觉已经比较"牢固"了，就想着，该提醒他补补"跛科"了。

一天下课后，我对小超说："你到办公室来一下。"我在办公桌前坐下，小超随后跟了进来。

忽然，我的手机振动得很厉害，我摁下接通键。"喂！是小超的爸爸吧？您好！这学期小超的英语学习，有了很大的进步。现在，他天天主动到办公室来找英语老师了。对！天天来，有时是默单词，有时是问语法，有时是读课文。对对对！是进步了，我估计，下一次考试一定会给您一个惊喜的，您就等着他的好消息吧。好好好！我们会尽力的，再见！"

我挂了电话，小超傻呆呆地望着我，有点尴尬。他的心里很清楚，自己还没有来过一次呢。但是这个电话，对提高小超学习英语的热情很重要，因为他的努力得到了班主任的认可，而且家长也知道了他正在努力。

我朝高老师努了努嘴："小超，高老师有事找你。"

高老师说："老师有一个设想，就是希望你能每天到办公室来钻研英语，每天钻一点，积累起来，就会有一定的深度，你看怎么样？"

根据我的建议，高老师采用了将目标分解的方法，具体来说，就是每天默写20个英语单词，20个是100分，每错两个减10分。

小超爽快地答应了，并且马上就有了行动，当天就默了10个单词。

第二天放学以后，小超正在办公室里补习英语，我的手机又"嗡嗡嗡"得厉害。"喂！您是小超的爸爸吧？哦，您好！您有什么事吗？问小超的学习情况啊。很好！他现在正在办公室补习英语呢，是他自己主动申请的，今天这是第五次进办公室来补习了。对！思想上进步很大！您也要多支持他呀，特别是把奖金准备好，对！期末考试要是考一个全班第一，弄您一个措手不及，到时候别什么都没有准备好。好好好，不用谢，再见！"挂了电话，我低头继续看书，眼角的余光却在观察小超。他的脸上春光荡漾，看得出心情不错。

以后的事情就顺理成章了，小超经常来办公室，而我也会很凑巧在这个时候多次接到他爸爸的电话。通话的内容呢，我想大家都应该知道了。

忘了交代一点，小超的父母非常清楚自己儿子的劣势，因此也一直很关注儿子的英语成绩，我到他家做过三次家访，他的爸爸也几乎是每周打一次电话，每次都是询问他的学习情况。前面办公室里的那些电话，其实都是我们事先的约定。

用学生的先开发智能来带动后开发智能的发展，其本质是先培养学生的自信心，再进行补短。信心比黄金重要，有了信心，补短就有了主动性。如果在学生自己根本没有意愿的前提下，老师就强行给他补短，这样的努力不但不能给学生上进的动力，反而会加剧他内心消极情绪的堆积。因为补短有一个"量"的积累过程，在刚开始的一段时间里，学生在一个自己最不擅长的领域里，每天苦苦学习，却看不到进步，看不到希望，这样的体验会让学生在学习过程中找不到一点快乐，让他内心更加厌恶这种学习。

思路点拨

如何介绍新转学的学生进班

问题聚焦 🔍

　　一个女生，转学到了一个新班，怎么介绍她进入班级？别看这是一件小事，但是对于这个女生的成长来讲，却是一件大事。

　　2014 年上半年，一个叫小佳的女生转入我班。在教务处开出的转学单上，有这样的话语：该生因病休学一年，学籍不在我校，寄读。看到这样的话语我就有些心惊肉跳。依照以往的惯例，如果教务处注明这样的话语，那就说明教务处已经知道这个学生是一个"问题学生"，所以才不给办理转学手续，但是又因为各种复杂的原因，不得不接受这个学生在我们学校"寄读"。对于这样的学生，政教处跟学生家长一般都会签订"进校协议"，如果学生在校不遵守规章制度，在班级制造事端，不服从老师管教，学校可以随时请她"回去"。

　　我向她的前任班主任了解情况，一句话让我心中越发惴惴不安："刘老师，这样的学生你也敢收呀！"原来，这个学生上学期就来了，并且在我们学校上了两个星期的课，结果在班级里屡屡制造事端，闹得一个女生寝室都不安宁。学校依照当初签订的"进校协议"，将她退回去。没想到，过了一学期以后，又回来了，还留了一级。

我询问到底是什么原因导致整个女生寝室都不安宁。前任班主任说没有作深入的了解，大概是这个寝室里有一个熟悉小佳过往情况的女生，背后跟同寝室的女生说了小佳的"历史"，小佳极为恼火，在寝室里大吵大闹，两个星期的时间里，女生寝室里天天战事不断。学校当时出于息事宁人的目的，就将小佳退了回去。

我对前任班主任如此处理学生，有一点不满："老师，你是育人的专业人员呢，怎么可以在没有作深入调查的情况下，就如此简单粗暴地将学生推出门外？如果这个学生是你的女儿，你愿意看到学校这样对待自己的孩子吗？"

按照教务处提供的信息，我拨通了家长的电话。原来家长就在学校附近，很快，小佳的父母就到了我的办公室。家长告诉我，小佳初一的时候在一所民办学校就读，与同班同学发生纠葛，"强悍"的同班同学将她关在厕所里，后来在老师的"解救"下才得以脱身。

没想到，孩子从此性格就变了，变得敏感、多疑，变得对整个集体都充满了戒备和敌意。同班女生无意中说的某一句话，她都会认为是针对她的，经常为了一句话就与同班女生吵架。同班女生认为她不可理喻，班主任不堪其扰，学校建议给小佳换一个学习环境。于是，上学期小佳中途转学到了我们学校。

有点凑巧的是，小佳转学以后就读的那个班级，有一个同一所学校转学过来的女生，熟悉小佳的情况，因此就在背后悄悄给同寝室的女生介绍她的"历史"，小佳觉得女生们在她背后"叽叽喳喳"，眼神异样，是在嘲笑她，于是不停地找这些女生"理论"，后来，"理论"无效，就升级成了"战争"。

2013年的初二只读了两个星期，小佳被迫休学。原来的学校不愿再接收她，新转的学校又要求其退学。实在是无路可走了，家长一怒之下，就将这个十三岁的女孩子送到了特殊学校，"磨砺"了五个月。孩子不停地向家长求饶，再也不愿意待在那样的学校，并保证洗心革面，好好读书，不再惹是生非……

妈妈偷偷告诉我，孩子其实英语成绩非常好，曾拿过长沙市英语口语大赛的一等奖。

我心底的愤怒，像浸水的黄豆一样，一点一点膨胀起来。一个好好的孩子都让你们给折腾"坏"了，这是一个有心理创伤的孩子，你们不给她疗伤，反而往她的伤口撒盐，把她的创伤看成是"叛逆"，送到特殊学校去整治她，大错特错。

进班之前，我跟小佳进行了一次长谈，询问她准备怎样开始新的旅程。她跟我保证说："一定会珍惜来之不易的机会，与同学们好好相处，做一个好学生。"

我说："你即将进入的这个班级，绝大部分学生都比你年纪小，他们都与你素不相识，无怨无恨，老师相信你会跟他们处理好关系。经过一番曲折，现在你站到了一个新的起点之上，过往的经历不管有多么不顺，有多少坎坷，有多少悔恨，都已无关紧要。因为这一切都已经过去，你即将开始新的生活。在这个新的起点之上，老师希望你能以新的面貌出现在同学们面前。"

小佳连连点头。

我注视着她的眼睛说："老师相信，你是一个优秀学生！"

第二天，走进班级的时候，我跟学生介绍小佳："同学们，今天对于我们班来说，真是一个好日子，因为今天我们班又增加了一名新成员，她的名字叫小佳，来自我们县的名校××中学。小佳同学有一个优势项目，就是英语口语特别标准，曾在长沙市英语口语大赛中荣获一等奖。从去年开始，老师一直有一个想法，想创造我们班的班级特色。小佳同学的英语优势正好可以帮助老师实现这个愿望。老师已经跟她交谈过了，希望她能带领我们班，创造类似'李阳疯狂英语'那样的班级特色。"

全班同学热烈鼓掌，小佳一脸惊愕地看着我，她没想到我会这样介绍她。

来自名校××中学——我将小佳之前就读的那所学校冠以"名校"两个字，是想给学生们这样一种心理暗示：名校转学过来的学生，一定非常优秀。

曾在长沙市英语口语大赛中荣获一等奖——这是小佳唯一的一个亮点，我把这个亮点放大，是想告诉学生们，新转学来的这位是一个英语成绩优异的学生。在一个班级里，每个学生都有自己的学习"优势"和"劣势"项目，如果只展示学生的"优势"项目，那么他（她）就是一个优秀学生；相反，如果只展示学生的"劣势"项目，那么他（她）就是一个"差生"。到底谁是"优生"谁是"差生"，取决于评价的角度和标准。其实我非常清楚，小佳有很多缺点，但是我都没有说。

创造类似"李阳疯狂英语"那样的班级特色——我确实一直有这样的想法。对于英语学习，我一直有一个观点，那种孤立地、枯燥地死记硬背单词的方法，是笨拙的，事倍功半的。以这种记忆方法，学生记住的是单词的"形"，也就是几个字母的排列组合。而科学的、事半功倍的记忆方法，是让学生去经历一个学习过程，"音、形、义"的学习过程，即知晓单词的读音，认识单词的形状结构，最后理解单词的意义，一定要将单词放到具体的语境中去理解词性，领悟用法。学生在经历了"音、形、义"的学习过程以后，对单词的记忆才是牢固的、高效的。

这些年来，我经常鼓励学生们将英语教材中的会话大声读出来，并尝试用英语进行演讲，目的就是让学生去经历一个英语学习的过程，而不是呆板地背单词、默单词。

但是，由于学生的口语发音不太标准，都羞于表达，不敢大声说出来。针对这种现实，我多次跟英语老师提出我的设想，但英语老师教学任务繁重，没有更多的时间来组织实施这项看上去"前景非常美好"的计划，而我自己的英语口语非常蹩脚，也没有能力去具体组织实施。因此这项计划虽然酝酿了好多年，一直因为缺少"组织实施者"而搁浅。现在好了，小佳来了，曾经获得过长沙市英语口语大赛一等奖的一名学生。我酝酿多年的"英语学习计划"，终于找到一个"组织实施"的"领头羊"了。

美国心理学家洛钦斯指出，如果一个人在初次见面时给人留下良好的印象，那么人们就愿意和他接近，彼此也能较快地取得相互了解，并会影响人们对他以后一系列行为和表现的解释。反之，对于一个初次见面就引起对方反感的人，即使后来因为各种原因，需要继续与他接触，人们也会对他很冷淡。这就是人际交往中的首因效应。

交往双方形成的第一次印象，会对今后的交往关系产生"先入为主"的效果。虽然第一印象不一定是正确的，但却是最持久、最顽固的，并且决定着以后双方交往的进程。

我将小佳优秀的一面介绍给学生，目的很简单，就是希望她在重新开始的时候，以优生的面目出现在同班同学的面前。我相信，进班时的首因效应，对她的成长有巨大的积极意义，她会忘掉过去，重新以一个"优生"的面目开始。后来的事实证明，我的进班介绍给小佳注入了无穷的动力，她在班上成了一名真正的优生。

有一天，小佳的前任班主任小心翼翼问我："刘老师，小佳怎么样了？"

我说："很好，是个优生。"

前任班主任不相信："一个那么叛逆的学生会成为班级的优生？"

我说："积极的语言能改变一个人，你说她是优生，她就是优生。"

一个学生转学到一个新班，对于我们老师来讲，是司空见惯的。但对小佳来讲，这是一个新的转折点，她站到了一条新的起跑线上。在新的起点上，以什么样的面貌重新开始，对这个女生至关重要。作为老师，我们希望每一个学生都能在班级获得发展。在这样一个关键节点上，我根据第二序改变的理念，将她以往的那些缺点、不足都统统忽略掉，让她展现在同学面前的都是优点。这样，她就以一个优生的面貌，出现在新的班级里，这个新面貌的教育意义在于，她以一个优生的身份重新开始新的学习和生活。

思路点拨

如何打造班级的英语口语特色

问题聚焦

　　一个班级有自己的特色，班主任既能找到一个工作的施力点，也能藉此凝聚人心，这正跟人的发展一样，先开发的智能能够带动后开发的智能的发展。

　　人与人之间的成就，从来都是相互的，你成就了对方，对方也会成就你。师生之间更是如此，一个老师，你帮助学生进步，成就他的成长；学生反过来也成就了你的教育教学业绩，你自己也获得了成长。

　　小佳从外校转入我班后，我一心想帮助这个孩子进步。这个女生最大的优势项目就是英语口语，曾在长沙市英语口语大赛中荣获过一等奖。

　　我一直想在班级的英语口语方面做点特色文章，而英语口语又恰好是我的劣势。

　　我把小佳叫进办公室，谈了我的一个初步设想："英语成绩一直是我们班的一个弱项，主要是因为英语口语不好，单词识记存在很大困难。很多同学都不会读，不敢读，也不愿意读。我已经跟教英语的谢老师商量好了，想聘请你做英语课代表，希望你能利用你的优势，改变一下我们班英语口语一贯以来'贫穷落后'的面貌，最理想的情况是创造类似'李阳疯狂英语'那样的班级特色。"

小佳说："这个好办，学校规定每周一、三、五的早读时间读英语，我们班可以利用这段时间进行'疯狂英语'训练。"我欣然同意。

第二天，正是英语早读时间，我特意提前五分钟走进教室，小佳已经在讲台上做好了准备，我则在小佳的座位上坐了下来。

一些学生看我坐在学生的座位上，明显有些兴奋，试探着发问："刘老师，您也来学英语吗？"

我微笑着说："说得太对了，老师初中时英语学得很差劲，学的都是哑巴英语、聋子英语，既不会读，又不会听。我们班，从今天开始'疯狂英语'训练，你们可不能打扰我学习哦。"

同学们都大笑，一个个都主动拿起书，嘴里说："不打扰您学习！"

早读开始了，小佳在讲台上领读，刚开始的时候，学生还有些胆怯，不敢读出声来。我旁若无人地跟着小佳一起"吼"，慢慢地，教室里的声音渐渐洪亮起来，大家都沉浸在朗读的乐趣里。

一个早读下来，我问大家的感受，小敏说："小佳读得太好了，轻重变化把握得很准确，有了这个小老师，我一定能把英语学好。"

我哈哈大笑："好呀，老师也觉得学到了很多东西，我们一定要坚持下去。"

走出教室，教我们班英语的谢老师问我："你真的打算跟学生天天这么读英语吗？"

我说："是的，有什么不妥吗？"

谢老师说："这倒没有，我只是觉得老师坐在下面做学生，学生反而站在讲台上做老师，如果家长知道了，会不会降低你在家长心目中的威信？"

我说："这个倒是不用担心，谢老师，我跟你讲一个故事吧。有两个当过管理者的人，同时去一家高级酒店应聘当高级厨师，他们都如愿地通过了所有考试，开始了试用期的工作。两个厨师被分配到两个班组，干的都是同一件事情：绑螃蟹。第一个厨师开始的时候，和厨房里的其他工作人员比赛绑螃蟹，结果这个厨师绑得很快，没人能超过他，那些参加比赛的员工越绑越沮丧，越绑越没有信心。一个月以后，酒店管理方对参加比赛的人员进行检测，发现所有人员都跟开始以前一样，速度上没有任何进步。第二个厨师也参加了比赛，但他每次都是最后一名，大家都笑他，但是大家发现，他绑螃蟹的速度天天都在进步，一天比一天快。同组的工作人员为了确保不被这个倒数第一名超越，也不断加速绑螃蟹。一个月以后，酒店管理方进行检测，发现所有参加比赛人员的速度都比刚开始的时候快了很多。试用期结束后，那绑螃蟹速度最慢的厨师被酒店正式聘为高级厨师，那最快的则仍在厨房里绑螃蟹。很多人都不理解，最后还是经理出来解开了大家的疑惑。原来，那个绑螃蟹最慢的厨师曾在经理面前计时绑过一次螃蟹，实际上他绑螃蟹的速度才是最快的。他是为了激发大家的斗志和信心才故意放慢速度的，他认为，优秀的管理者不一定要处处向员工示强，恰到好处的示弱，可以鼓励员工的信心。"

听了我讲的故事，谢老师问："刘老师，你也想学那个厨师，在学生面前示弱吗？"

我说："是的。从今天开始，我就是我们班英语口语的最后一名。"

谢老师还是有些担心："刘老师，你要知道，在家长和学生的心里，老师往往是无所不能的，因为你是老师，是给学生授业的专职人员。如果你在学生面前表现得还不如学生，那家长会在心里质疑，把孩子交给这样的老师，怎么放心呢？"

我说："如果有些家长一定要那样认为，那我也没办法，但是这不会改变我的做法。我认为，作为老师，我们应该有这样一种胸怀和气度：为了学生的成长，甘当陪衬。老师的职责是育人，是将一个近乎白纸一样的人，培养成人才。你如果希望学生在学习过程中减少对老师的依赖，一个个都成为主动学习自觉努力的人，那么有一种好方法，就是收敛你的强势，向学生示弱。老师主动示弱的根本目的就是实现对学生的托举。在中央电视台综艺栏目《星光大道》中，常常上演'绿叶衬红花'的感人场面，一些已经在《星光大道》成名的明星，为了托举刚刚出道的新人，甘当陪衬，甘当配角，将镜头让给新人。"

谢老师说："刘老师，I 真是服了 you。我看到过很多在学生面前逞强的老师，明明自己不会，却偏要不懂装懂，明明自己做错了习题，却跟学生强词夺理说是故意错给学生看的，目的是检验大家能不能发现老师的错误。像你这样，主动向学生示弱的，还是第一次遇见。"

我呵呵一笑："谢老师，现在我有一个教育计划，希望得到你的配合。"

谢老师一听，有点兴奋了："我能为班级做什么事情吗？"

我说："务必请你在这一周时间内，尽快教会学生说这几句话的英语：请到前面来！请回到你的座位上去！恭喜你，答对了！恭喜你，答错了！而且，教的时候，要把握好一个关键，就是一定要教得不露痕迹，非常自然地教会学生说这几句话，不要让学生觉得这是我们事先设计好的。"

谢老师问："是你想学这几句英语吗？"

我说："是的。"

谢老师不解："那我直接教你就得了，为什么要教给学生呢？"

我狡黠地一笑："这个你就不用管了，我自有用处的。"

谢老师摇摇头："真是弄不懂你要干什么。"

谢老师当然不懂。这些年来，我为了修炼"简单、快乐、做得到"的教学风格，经常会在授课的过程中使用一些简单的英语，比如问学生为什么，就说 why，数字 1、2、3、4、5，就说 one、two、three、four、five……学生已经习惯了我讲课的方式。

一周以后，我上数学课。我在黑板上写了一道计算题，然后宣布说老师要请一个学生到黑板前来演算一下。很多同学举手。

我做了一个大吃一惊的表情，绷紧脸上的肌肉，嘴巴尽量张开，眼睛也尽量睁大，然后说："今天举手的人太多，看样子，到黑板前来演算的同学，必须给他设定一个条件才行。"

学生一听，来兴趣了："老师，您快说，设定一个什么条件？"

我说："这个条件很简单，就是教会我用英语说'请到前面来'。"

结果，举手的人越发多了："老师！老师！我教您怎么说。"

我点了平时成绩不太好的小敏，她站起来说："老师，您跟我读：Please come to the front!"

"Please come to the front!"我重复了一遍。我想打趣一下小敏，就故意问："你这个发音准不准确呀？"

小敏见我怀疑她的能力，有点急了："准确！绝对准确！老师，您要不信，可以请我们班口语水平最高的小佳同学鉴定一下。"

我不紧不慢地走到小佳的面前："英语课代表同学，你鉴定一下，看我们小敏同学说得是不是标准。"

小佳站起来，大声重复了一遍："Please come to the front!"

我跟着小佳又读了一遍："Please come to the front!"然后，转过身来对小敏说："嗯，你教得确实很准确，那么现在就 please come to the front!"

小敏在全班同学的叫好声中，冲上了讲台。题目很快就做完了。小敏将手中的粉笔放回原处，准备返回座位。

我突然大喝一声："你给我站住!"

全班同学都蒙了，小敏问："老师，您还有事？"

我说："是的，既然你进步这么快，我怎么能随随便便就放你回去呢？你必须再教我另外一句英语才行。'回到你的座位上去'这句话用英语怎么说？我是用英语把你请上来的，也必须用英语把你送回去。"

全班同学都大笑。

小敏想了想，然后大声说："Please go back to your seat!"

我跟着小敏读了三遍："Please go back to your seat!"然后稍稍弯腰，做了一个请的手势："小敏同学，please go back to your seat!"

全班同学，每个人脸上都笑容灿烂。

等小敏回到座位上，我高兴地说："今天很感谢小敏同学，教会了我两句英语口语。我不知道，我们班其他同学，是不是都已经学会了这两句口语？"

大家齐声说："都学会了!"

我说："我不相信所有人都学会了!"

有学生说："老师，您不信，随便点一个人来说。"

我说"好"，于是就点了一个平时英语成绩不太好的同学来说，结果真的说得很准确。

后来，我又用类似的方法跟学生学会了在数学课堂上常用的一些简单口语，比如：

Congratulations, right!（恭喜你，答对了！）

Congratulations to you, answer wrong!（恭喜你，答错了！）

就这样，在我的积极推动下，我们班学习英语口语的热情空前高涨。

一些之前从来不敢开口说英语的男生，也能大胆地喊出："What are you doing?"小佳一遍又一遍地纠正他们的发音，一遍又一遍地教他们怎么处理重读音节，不厌其烦，不辞辛苦。

谢老师经常在我面前表扬小佳："刘老师，这个小佳来了以后，咱们班的英语成绩那是天天都有看得见的进步呀！"

小佳协助谢老师做了大量的工作，每天收发作业本，组织默写当天学习的英语单词，督促部分男生完成英语作业。这些日常工作非常繁琐，她每天都做得很认真、很勤勉。

后来的事实证明，小佳同学负责的"疯狂英语"口语训练，使我们班的学生受益匪浅，中考英语口语测试的时候，我们班85%的学生被确定为A等。

在我的托举下，小佳不但做大做强了英语口语的优势，而且由于内心自信充沛，还带动了其他科目的学习，中考的时候，她非常顺利地考入了省示范性高中。

在一个班级里，老师通常的形象是学术权威、管理权威，有一些年轻班主任为了在学生面前确立权威的形象，一味在学生面前示强，哪怕是自己在课堂上讲错了，学生指出来，也会强词夺理，跟学生解释说自己是故意错的，目的是考验学生的辨别能力。对于自己的弱势项目，更是在学生面前隐藏，从不敢公开示人。而第二序改变的观点，则是老师在必要的时候，应该学会向学生主动示弱。在哪种情况下向学生示弱？在学生需要托举的情况下示弱。小佳有英语口语方面的特长，而班级口语特色打造又需要她的带动和领导，在这种情况下，如果老师再托举小佳一把，她就会越发确信自己是一个优生了。

思路点拨

第二章
模式重新框定：让教育变得更容易

- 如何跟学生谈早恋

- 如何跟学生谈感恩

- 如何让学生不随手乱丢垃圾

- 如何在班级内部形成团队合力

- 如何跟假小子讲安全

- 如何让从不写作业的学生写作业

- 如何教育在课堂上口吐脏言的女生

- 如何让学生的内心阳光起来

- 如何提高班级的凝聚力

老师对学生实施的德育，有多种模式：说教，体验，训练，等等。

一线教师使用最多的模式是说教，这是一把教育的"万能钥匙"，无论什么样的问题，也无论什么样的学生，都可以采用这种模式。这种模式的特点是适应性广，缺点是往往不能有效解决问题。比如，有一个学生在寝室里抽烟，老师发现了，于是就一遍一遍进行说教：抽烟有害健康，抽烟违反学校纪律。但多数情况下，学生是不会真正去悔改的，其实老师说的那些道理他自己也懂，他就是不能控制自己，甚至有些时候，根本就没有烟瘾，他只是想通过抽烟来达到某种目的。

体验是德育教育的另一种模式，这些年我采用得比较多。这种模式的指导思想是：给空泛的道德说教内容找一个载体，使其变得可体验、可感受。这种模式的优点是往往能有效解决问题，缺点是找到载体比较困难，需要老师花费很多心思去进行"备课"，才有可能达到理想的效果。

还有一种模式是训练，按照循序渐进的思路，对学生的行为进行一点一点的改变。这种模式的特点是，要根据学生现有的行为，一步一步引导学生朝前走。教师在对学生进行训练的过程中，必须有足够的耐心，慢慢进行"量"的积累，等待学生"质"的改变。

这三种模式无所谓好坏之分。有些学生一说教就改变了，比如一个一年级的小朋友，老师说自己的事情要自己做、自己的书包要自己背，学生听了以后，第二天上学的时候就自己背书包，不需要家长代劳。对这样的孩子，我们没有必要一定要弄一个什么载体，让学生去进行体验，或者对孩子进行一个什么训练。

模式重新框定这个工具的使用方法是：在持续使用一种模式确认改变无效以后，换另一种模式。

如何跟学生谈早恋

问题聚焦

早恋是一个敏感的话题，对于中学生班主任来讲，是必须面对的一个话题。但是，怎么跟学生坦然、平静地谈这个话题呢？很多一线班主任都觉得无从下手。

有一天，学生晓敏的妈妈来到我办公室，跟我谈了晓敏这一段时间的异常表现。

"我发现晓敏这一段时间真的变了。"

我有些诧异："哪些方面变了？"

"变得特别注重衣着了。"

"具体有些什么表现？"

"现在他穿衣服，一定要买品牌运动服，穿鞋子，也一定要品牌运动鞋。更奇怪的是，夏天我们通常都是晚上洗澡，他偏偏要早晨洗澡。某天即使晚上洗澡了，早晨一定要再洗一次头发才能出门。如果天气冷，不需要每天洗澡，他必定天天早晨洗头发。自己还买了洗面奶、护肤霜、发胶什么的，天天使用。暑假在家的时候，这种现象都没有了。"

我呵呵一笑："这很正常呀，说明孩子已经长大了，他出门的时候，注意自己的形象了。"

对于晓敏妈妈的担忧，我很长时间都没有引起足够的重视，我觉得这是孩子成长的一种迹象，没必要大惊小怪，也没有必要进行干涉。但是，后来一件事的发生，改变了我的看法。

有一天，晓敏居然带着两个男生，将我们班另一个男生打了一顿，原因是晓敏和那个男生同时爱上了我们班的女神——小璇。小璇很漂亮，也很文静，是一个人见人爱的女孩子。她很懂事，在学习上一直很专心，私下里一直有很多男孩子喜欢她，但是她从来没有分心过。对于晓敏的这种行为，我觉得必须开一个班会进行引导了。

这些年，我一直在研究体验式德育班会课的操作方法。体验式德育班会课的一个核心观点就是：给空泛的道德教育内容找到一个载体，使其变得可体验，可感受。问题的关键是，给早恋，甚至是早恋中的"暗恋"这个特殊的道德教育内容找一个什么样的载体去进行体验呢？反复地思考，某一天，我的脑海里突然闪过一个名字——李琛。对！李琛的故事，还有李琛创作的那首《窗外》，是和学生谈早恋的最合适的载体。思路确定以后，我马上撰写教案，制作课件。

星期一的班会课，我胸有成竹地走上讲台。我用眼光扫过全班同学，脸上表情放松："同学们，今天这节班会课，老师想跟大家聊一个神秘一点的话题，那就是爱情。"

学生一听聊爱情，就有些骚动了，有人笑容神秘，有人表情亢奋，有人假装矜持……一个个脸上都写满期待。

"首先，老师先跟大家分享一个故事。（银幕上出现了李琛的照片）这就是故事的主人公，名字叫李琛，是不是很帅？"

大家齐声回答说："帅！"

我继续说："这个很帅的小伙子，有一个很大的人生遗憾，他很小的时候，得了小儿麻痹症，不能像我们正常人一样自由行走，只能靠拄双拐走路，也就是说，他是一个残疾人。李琛生活在西安的一个小县城里，父亲是一名戏剧演员。小的时候，他父亲的同事有一个小女儿，经常来李琛家补习功课，两个人可以说从小青梅竹马，慢慢地，时间久了，李琛就对这个小女孩产生了一种朦朦胧胧的好感。但是，李琛内心一直很纠结，他觉得这种幸福对于一个身体有残疾的人来讲，是一种巨大的奢求，因为女孩是正常人，又很漂亮。李琛内心深处，一直有一种深深的自卑。然而没想到的是，这个女孩竟然也喜欢他。有一天，李琛想走出去，和正常人一样，为自己的理想打拼一番，于是和女孩商量之后，决定去北京发展。几年时间过去了，李琛的事业并没有多少起色，相反，由于两地分隔，两个年轻人变得越来越陌生。女孩给李琛提供了两种选择，要么接她去北京，要么他自己回西安。但是李琛却无法作出回答，也无法给出一个时间上的承诺，因为他的事业才刚刚起步，接女孩去北京，他没有这个能力，放弃北京刚刚起步的事业，他又不甘心。纠结了很久，最终他还是决定继续在外打拼。在分别的那个夜晚，他再一次来到女孩的窗外，犹豫徘徊，是敲门进去，还是默默离开？这种真实的情感体验，触发了他的灵感。从女孩那里回来以后，他情不能自抑，即兴创作了一首歌曲，歌名就叫《窗外》。现在，让我们一起来听一听这首歌。"

我点击课件里的播放按钮，优美的旋律在教室里响起，我在讲台上随着音乐轻轻哼唱，学生则在座位上静静欣赏。

体验式德育班会课的一个重要特点，就是引导学生去进行体验，所以我设计的这堂班会课，有一个重要的特点就是像语文老师一样，引导学生反复去进行品析，让学生感受旋律的优美、歌词中的情感。

在学生听完一遍歌曲以后，我开始逐段赏析歌词：

今夜我又来到你窗外
窗帘上你的影子多么可爱
悄悄地爱过你这么多年
明天我就要离开

基于这一段歌词，我的设计意图是想告诉学生，随着年龄的增长，青春期的男生女生会自然而然产生一种对异性的好感，这种好感是完全正常的。

我试探着询问女生："谁喜欢看男生打球？请举手。"结果有半数以上的女生举手。我随机采访了一位举手的女生："你为什么喜欢看男生打球？"

女孩回答说："男生打球，有一种运动的美。"

我继续询问："男生中有谁喜欢早晨洗头发？请举手。"结果也有半数以上男生举手。我随机采访一位男生："你为什么要在早晨洗头发？"

该男生说："早晨洗头发，可以把晚上睡觉弄乱的头发重新梳理好，人也自信一些。"

我肯定了他的说法，然后说："随着年龄的增长，我们渐渐地对异性有了一种朦朦胧胧的好感，这种好感，会让我们觉得青春是如此美好，生活是如此多姿。"

我继续提问："年轻的小伙子、姑娘们，你心目中理想的女孩或者男孩形象是怎么样的呢？能用三个词概括一下吗？"

我第一个采访了晓敏，他说："理想的女孩形象是：漂亮、文静、聪明。"很多学生都朝着小璇的方向笑，很显然，她完全符合这三个词。看样子，这小子心目中理想的女孩就是小璇，难怪他会为她大打出手。

女生中我真正想采访的是小璇，但为了不露痕迹，我故意又随机采访了几位学生，最后才顺便将话筒交给小璇。她的回答是："有责任，有担当，有能力。"

我微笑着调侃她："你这要求概括起来就是'三有新人'呀！"学生们都大笑。

我转身大声发问："男孩们，你们作好准备了吗？这就是我们班女神心目中的男孩标准，如果你不符合这个标准，那么请不要来打扰我们的女神，你只会自讨没趣。如果你不符合这个标准，请努力完善自己，向这个标准靠拢。"男孩们都大笑。我用眼角的余光观察晓敏，发现他讪讪地笑了笑，表情有点尴尬。

继续赏析第二段歌词：

> 多少回我来到你的窗外
> 也曾想敲敲门叫你出来
> 想一想你的美丽我的平凡
> 一次次默默走开

我问学生："李琛为什么会一次次默默走开？"这一回，我采访的主要是男生。

有人说："主要是作者觉得自己太平凡，配不上这个优秀的女孩。"

有人说："主要是男孩现在事业没有成功，他不能给女孩一份稳定的生活。"

最后，我采访了晓敏，他说："爱一个人，就应该对她负责，如果你没有这个能力，那么就不要去打扰人家。"

我很高兴他有这样的认识。小结的时候，我说："青涩的爱情是美好的，但生活却需要理智。在我们思想和心理还不够成熟的时候，贸然去恋爱，带来的就只有伤害。爱情除了需要激情，还需要理智，理智会让爱情更美好。"

接下来，赏析第三段歌词：

> 再见了心爱的梦中女孩
> 我将要去远方寻找未来
> 假如我有一天荣归故里
> 再到你窗外诉说情怀

我问："歌词里说'假如我有一天荣归故里，再到你窗前诉说情怀'，大家知道'荣归故里'是啥意思不？"

随机采访了两个学生，都知道是"事业成功回到家乡"的意思，李琛的想法是：只有等到自己在事业上有了一定成就，经济上有了一定实力，才可以跟心爱的女孩"诉说情怀"。

我问："是不是一定要'荣归故里'，才能去'诉说情怀'呢？对于这个问题，老师想把男生和女生分开来进行采访。"

我先问女生，结果很多女生回答，爱情是神圣的，不需要附加太多物质的东西，只要对方有上进心、有责任心就好，事业可以慢慢去打拼。而大多数男孩认为：作为男孩子，必须先"到远方寻找未来"。

赏析最后一段：

再见了心爱的梦中女孩

对着你的影子说声珍重

假如我永远不再回来

就让月亮守在你窗外

我问："李琛最后还是告别了梦中女孩，你赞同他的选择吗？"

在这个问题上，女生更多的是惋惜，男生更多的是赞赏。为了让学生理解作者"就让月亮守在你窗外"的情感，我设计了两道动手写作题：

第一题：如果你要拒绝某个爱慕你的人，请你写几句话回复他（她）。

第二题：如果你爱慕一个人，他（她）委婉拒绝了你，你能写几句祝福他（她）的话吗？

小璇写的是："对不起，那个男孩，我们现在还有更重要的事情要做，这个时刻，我不想分心，希望你能理解我。"

晓敏写的是："梦中女孩，虽然你没有接受我，但我真诚地祝福你，今后的人生道路一帆风顺，相信在不久的将来，一定会有更懂你的人守护在你身边，珍惜和呵护着你。"当晓敏朗读完自己写的祝福语的时候，很多男生自发地为他鼓掌。

最后，我总结说："年轻小伙子、姑娘们，不论你是否愿意，不论你是否已经作好准备，不久之后的某一天，爱情就会来敲你的门。那个时候，请你记住老师今天给你们上的这一课，爱不是占有，爱更多的是一种责任，如果凭你的实力，还不能给对方一份安定的生活，不能让对方幸福，那么，请你选择放手，请你选择祝福对方。当这节课即将结束的时候，让我们再来听一遍这首从作者心底里流淌出来的歌曲。"

我点击播放按钮，略带忧伤的旋律再次在教室里响起，很多同学随着音乐轻轻吟唱，感受旋律的美，情感的真挚。

这堂班会课上过一段时间以后，我悄悄地在学生中打听晓敏还有没有去纠缠小璇。学生们告诉我，晓敏真的就像他在祝福语中写的那样，没有再去打扰小璇的生活。

后　记

在我工作室的一次"体验式德育班会课"主题研讨活动中，我再次上了这堂班会课，课刚上完，很多听课的老师拿着 U 盘就冲过来了，索要我的课件和教案。有一位政教主任说，一定要将这堂班会课的教学资源全部拷回去，组织教师在全校的所有初三班级再上一遍。我工作室的很多学员都上过这一节课，反响很好，学员廖顺还将这节课的课堂实录写成文字，发表在《福建教育》上。

体验式班会课的核心观点是：给空泛的道德教育内容找到一个载体，使其变得可体验、可感受。早恋这个话题不好谈，学生敏感，老师与学生交流起来不容易做到自然、从容。所以就给它找了一个载体——《窗外》这首歌，这样师生交流起来就比较自然，一切都是水到渠成，学生在反复的吟唱和体验中，自己总结出了本节课的主旨教育内容：爱是一种责任，爱是担当，爱一个人就要替对方着想，当我不能给对方一份理想的生活，不能给对方一个承诺的时候，要学会放手，并且还要大度地祝福对方。

思路点拨

如何跟学生谈感恩

感恩这个教育内容很抽象，老师要给学生灌输一些道理很容易，问题是，灌输了很多，学生一点都不知道感恩。教育等于是劳而无功。

在班里，我发现一个不好的现象，很多学生对于长辈们的付出熟视无睹。

我们学校是寄宿制学校，每周星期一早晨的校门口，常常会出现这样的情景：送孩子上学的家长们一边把书包递到孩子们手上，一边嘱咐着"好好上课！""多吃点饭！""记得吃药！""出来穿上外衣！""那道不会的题下课后去问问老师！"……孩子们充耳不闻，自顾自地跑进了学校。

周五放学时，家长们又早早地来到接送地点，眼睛都不敢眨一下地望着校门口，看到自己的孩子出来，眼睛里满是欣喜，急步走过去，接过孩子手中的书包，好像有千言万语要问孩子。而孩子们脸上却完全没有这样的欣喜，表情平淡，甚至都不看家长一眼。

在教室里，也是如此。有一次，我去上课，小林扭头进了教室，然后清晰地听到他在教室里喊：刘令军来了！刘令军来了！

同学之间也很冷漠，一个学生自己没有铅笔，旁边的同学好心借给他使用，他使用完毕以后，将铅笔向对方一扔，结果铅笔掉地上，弄断了笔尖，借用者既不道歉，也不致谢……

很多很多这样的情景，让我心里很不是滋味，这些被爱包围的学生们，已经不知道怎么去关爱他人，也不懂得什么叫感恩了！我决定在班里组织一次以感恩为主题的班会课，好好培养一下学生的感恩意识。我跟学生干部们商量，设计排练了一个叫《一杯牛奶》的情景剧。剧情大概是这样的：

一个生活贫困的男孩为了积攒学费，挨家挨户地推销商品。他的推销进行得很不顺利，傍晚时他疲惫万分，饥饿难耐，绝望地想放弃一切。走投无路的他敲开一扇门，希望主人能给他一杯水。开门的是一位美丽的年轻女子，她笑着递给了他一杯浓浓的热牛奶。男孩和着眼泪把它喝了下去，从此对人生重新鼓起了勇气。许多年后，他成了一位著名的外科大夫。

一天，一位病情严重的妇女被转到了那位著名的外科大夫所在的医院。大夫顺利地为妇女做完手术，救了她的命。无意中，大夫发现那位妇女正是多年前在他饥寒交迫时给过他那杯热牛奶的年轻女子！他决定悄悄地为她做点什么。

一直为昂贵的手术费发愁的那位妇女硬着头皮办理出院手续时，在手术费用单上看到的是这样七个字——手术费：一杯牛奶。那位昔日的美丽的年轻女子没有看懂那几个字，她早已不再记得那个男孩和那杯热牛奶。

然而，男孩记得这一切。

情景剧表演完了，小慧说："老师，这个故事是假的，男孩那么贫困，后来怎么可能成为著名的外科大夫？太牵强了吧！"

小睿说："我也不相信是真的，过去了这么多年，男孩怎么会记得那个妇女就是当年施舍牛奶给他的女孩？这剧情也太狗血了！"

说句实话，我认同学生的质疑，也不相信这个故事是真的。但是，好像我们老师，就喜欢用这样的虚假的故事来教育学生。

有了这一次失败的经历以后，我告诫自己，从今往后，再也不要用这种虚假的情景来教育学生了，如果再开班会，一定要用真实情境的内容。但是，真实情境的班会内容，不太好找。我想，不好找那就干脆不开，宁缺毋滥，老师没有必要为了教育学生，就去给学生演一场所有人都不相信的戏。于是，这个感恩主题的班会课就暂时搁置了起来。

忽然有一天，机会就来了。那一天，我正在上晚自习，突然停电了，整个校园一片漆黑。这突如其来的黑暗，让学生有点不安，教室里乱糟糟的。这不就是我一直在寻找的真实情境吗？这一天晚上的停电正是可遇而不可求的宝贵教育资源呀。我的大脑飞速旋转，两三分钟工夫，一个感恩主题班会课的简单教案就构思完毕。

我站在讲台上，听到下面乱糟糟一片，提高了声音说："请大家安静下来，坐在座位上不要动，学校会想办法的。"

大概十分钟后，整个校园里都已经安静了下来。

我跟学生说："黑暗是难得的一种体验，趁这个机会，老师跟大家交流一下感受，怎么样？"大家都说好。

我说："在这个黑暗的教室里，你们感到害怕吗？"

有学生回答说："不害怕！"

我问："为什么？"

他说："尽管整个世界都已经是漆黑一片，但是教室里有老师，还有这么多的同学，我不害怕。"

我说："你说得很好，如果这个教室里只有你一个人，你一定会感到害怕，并且会迅速逃离这个地方。你现在之所以没有逃离，安然自若地跟老师交流，说明你的内心没有恐惧感。人与人之间，就是一种互相依靠。比如在今天这个黑暗的教室里，你给我壮胆，我给你壮胆。因为大家在一起，所以我们不害怕。平时我们在交往中，总是嫌弃这个，嫌弃那个。其实，你生活的这个圈子，与你天天打交道的这些人，才是你最应该珍惜的人。"我停顿了一下，对坐在最后面的小乐说："小乐，老师现在想请你到讲台上来，可以吗？"

小乐说："可以呀！"用了一两分钟的时间，小乐就摸索着到了我跟前。

我说："很好，小乐，你很勇敢，你再自己走回去吧！"

小乐说："老师，你没事叫我走来走去干吗？"

我说:"老师这不是没事找事做,是让你体验一下在黑暗中行走的感觉嘛。"

又过了一两分钟:"我问小乐,你找到自己的座位了吗?"

小乐说:"找到了。"

我问小乐:"漆黑一片,你是怎么在教室里走过来走过去的?"

小乐说:"我从座位上起来,先摸索着找到墙壁,然后沿着墙壁往前走,就走到了讲台上,回来的时候,也是一样的方法,摸着墙壁走回来的。"

我说:"你这个方法很好。同学们,老师问你们一个问题,小乐之所以能在黑暗的教室里走来走去,他依赖的是什么?"

学生说:"他依赖的是墙壁。"

我说:"同学们,你们知道吗,刚才小乐依赖的这面墙壁,实际上有重要的象征意义。在黑暗中,我们可以依赖这面墙壁的支撑,来去自如。在现实生活中,其实我们也有这样强有力的墙壁在支撑着我们。你们说,在你最无助的时候,最困难的时候,谁会站出来充当你的墙壁?"

底下的声音有些杂乱:"父母就是我们的墙壁!""姐姐是我的墙壁!""哥哥是我的墙壁!""同学是我的墙壁!""老师是我的墙壁!"

我说:"对! 在家里,父母是你们可以依赖的墙壁;在学校里,老师是你们可以依赖的墙壁;将来大家走入社会,朋友同学就是你可以依赖的墙壁。对这些能在你无助的时候充当你墙壁的人,你认为应该怎么对待他们呢?"

有学生说:"应该要珍惜这样的墙壁!"

有学生说:"应该要感恩生命中有这样的墙壁!"

有学生说:"应该要善待生活中愿意充当你墙壁的人!"

我说:"但愿从今以后,你们说的跟做的一样。"

我停顿了一下,继续发问:"小睿同学,假设你现在要上厕所了,你敢下楼去吗?"

"不敢,但是如果有人跟我一起去,我就不害怕了。"

"那有人愿意陪她去吗?"

小慧回答说:"我愿意。"

我说:"很好,小睿同学,你看,这就是同学,在你需要陪伴的时候,她会毫不犹豫地站起来跟着你一起走。"

我继续发挥:"再问大家一个问题,你认为什么时候会来电?"

有人说:"应该会很快吧。"

我问:"为什么?"

"教室里停电了,学校里值班的老师一定会着急的,他们一定会组织最精干的力量进行抢修,找到故障原因并迅速解决。"

"你相信值班的老师一定会这么做吗?"

"对!我相信,因为他们值得我信赖。"

"很好!大家想一想,当你在这个校园里,遇到困难的时候,你会找谁来帮助你呢?谁又会及时对你伸出援助之手呢?"

小睿回答说:"当我遇到困难的时候,我会先向同寝室的同学求助,然后是老师。"

我说:"以前你们在寝室里,经常闹不团结,为一点小事斤斤计较,互相指责,弄得跟有深仇大恨似的。我们班经常有学生对老师直呼其名,一点都不尊重,还有学生老师批评他几句,就怨恨在心,处处跟老师作对,好像老师是他的'阶级敌人'一样。其实,在这个校园里,老师不但是知识的传授者,还是你的保护人,他们处处小心翼翼,保护着你的安全。今天,校园里停电了,我们静静地坐在这里,很安心地坐在这里交流,因为大家都相信,教室外,会有老师去解决问题,因此,我们不需要着急,只需坐在这里静静地等待就行了。说明在这个校园里,老师不但是你最可以信赖的人,还是你们安全的保护者。同寝室的同学,还有老师、你的父母亲人,他们都有一个共同的名字,叫'身边人'。大家想一想,你是不是应该好好珍惜善待自己的'身边人'呢?"

大家一起回答说:"应该!"

半个小时后,终于来电了,教室里一片欢腾。

后来,有位妈妈在微信里跟我说:"刘老师,这次放假回来,孩子懂事多了,不但跟我有很多话说,还破天荒地在吃过饭后,帮助收拾碗筷,将所有的碗都洗干净了。刘老师,你是不是跟孩子讲了什么道理?"

我说："我只是利用学校停电的机会，给学生们上了一堂以感恩为主题的班会课，没想到，真的就产生了实质性效果。"

后　记

我这篇文章写成以后，有老师问，停电这个事件具有偶然性，现在绝大多数学校都不停电了，那老师怎么进行操作？

我说："如果不停电，有一种替代的方法，那就是用眼罩将学生的眼睛蒙起来，会有同样的教育效果。"

感恩教育，通常的做法是"说教"，做做《感恩的心》手语操，或者直接灌输一些道理，这是基于第一序改变的做法——站在老师自己的规条系统里寻求学生的改变。"体验"模式基于第二序改变，与"说教"模式不同的地方是，老师站在学生的规条系统里进行教育，老师不空讲大道理，而是让学生通过切身体验，理解自己之所以能够在复杂的现实生活中自由行走，离不开家长、亲人、老师、同学的支持和扶助，这些人就是自己在现实生活中能够切实"依靠"的人。对这些给予自己"支撑"的人，我们要珍惜，要感恩，如果没有这些人，我们会寸步难行。

思路点拨

如何让学生不随手乱丢垃圾

问题聚焦

　　一些学生由于没有养成良好的行为习惯，总爱随手乱丢垃圾，不注意校园的环境。这种不文明、不和谐的行为，可以说已经是校园的"顽疾"了。并且，个别学生总是屡教不改，处罚、训斥对他们都不管用，老师拿他们毫无办法。怎样才能转变学生的行为模式，让他们自觉地维护班级和校园的环境呢？

　　有一天，吃完中饭，我往教室走。在我前面的是我们班的学生小畅和小波，她们一边走一边着吃瓜子，随手就将瓜子壳丢在地上。这种随手乱丢乱扔的行为，我已经批评过多次了，尤其是瓜子壳，特别难打扫，我不得已在班上发布了一条禁令，凡是将瓜子壳丢在地上的，每一粒写 100 字的说明书。但是这也没有遏制住学生吃瓜子的行为，这不，小畅和小波又违反禁令了。

　　可能她们吃得太高兴，根本就没有注意到我就跟在她们后面。等到进了教室，这两个女生蓦然回首，看见我在后面，一下子怔住了。小乐见她们被我抓了现行，多少有些幸灾乐祸："根据班级公约规定：乱丢瓜子壳，每一粒写 100 字的说明书。"

我没有回应小乐的提醒，今天我想换一种教育方法。我径直走到教室后面的卫生角，找到簸箕和扫把，分别递给小畅和小波："今天老师不收你们的说明书，你们拿着这些工具，一路返回去，将刚才你们丢的每一粒瓜子壳都收回来。"

小畅和小波在众目睽睽之下，颇有些尴尬，但也知道自己触犯了纪律，一声不响地接过簸箕和扫把，出了教室去打扫瓜子壳。

看两个女生出了教室，我问全班同学："今天老师不收她们的说明书，让她们把瓜子壳再收回来，以代替处罚，大家是否同意？"

"同意！"底下回应的声音有些"惊天动地"。同时，我也听出了这些声音中夹杂着幸灾乐祸。

我突然有一个想法，如果利用这个机会，组织一堂体验式的班会课，让学生好好体验一下乱丢乱扔给他人带来的麻烦和不便，或许能让学生记住以后不能再乱丢乱扔。这样一来，岂不就是坏事变成好事了？那么，接下来怎么操作呢？

以往的经验告诉我，体验要给人留下印痕，很重要的一项技术就是"放大对比"。

其实，每一个学生都知道，是不能随手乱丢乱扔的，但他们为什么会一再明知故犯？一个主要的原因，就是我们对学生实施的教育，并没有给学生留下深刻的印痕。

我快速在大脑里进行构思，怎么将这种乱丢乱扔给他人带来的麻烦和不便放大？只两三分钟，就有了一个初步方案。

大约十五分钟的时间，两个女生回来了。这个时候正好上午自习了，学生都自觉打开作业来做。我问小畅和小波："打扫瓜子壳的感觉怎么样？"

小畅说："有点麻烦，主要是那瓜子壳比较小，粘在地面上扫不动，很多时候都只能用手去捡，比较费时间。"

小波有点不好意思地说："丢瓜子壳的时候很爽，打扫的时候很不爽。"

我心里想，看样子，有点感觉了，不过，才刚刚开始。我抬眼看全班同学："哪位同学的抽屉里有瓜子壳的，借我一点。"

有学生感到奇怪："老师，你借瓜子壳干吗？"

我微微一笑："当然有用处啦，如果有，就送到前面这个簸箕里来。"

有学生开玩笑说："老师，我这里有很多，都借给你，不用还了。"

很快，簸箕里就有了很多瓜子壳。我看看分量也差不多了，就对小乐喊了一句："小乐，你出来帮老师做一件事。"

小乐立马站起来："老师，你要我帮你做什么事？"

我说："你去把这些瓜子壳撒在教室到女生寝室的路上，注意撒均匀一点。"

小乐不理解："老师，为什么要撒了？如果被学生会干部或者政教处的老师抓了，会说我乱丢乱扔垃圾。"

我说："如果被学生会干部或者政教处的老师抓了，你就说我们班主任在利用午自习时间上班会课。"

小乐一听，乐了："好嘞，这个差事太好办了！"他接过我手中的簸箕，飞快地冲了出去。几分钟时间，小乐就将一个空空如也的簸箕送到我面前。

我又将这个空簸箕转送给小畅和小波："麻烦二位，将刚才小乐撒的那些瓜子壳帮我收回来。"

小畅一听，有点不情愿了："老师，你这不是故意为难我们吗？"

我说："是的，确实是故意为难你们。但是我这是跟你们学的，你们平时在教室里、校园里乱丢瓜子壳，不也是故意为难那些打扫卫生的同学吗？老师反反复复跟你们讲瓜子壳很难打扫，不要乱丢乱扔垃圾，但你们就是不听，只要看看周围没有老师，没有学生干部，就偷偷地扔，你们知道自己给别人添了多少麻烦吗？今天让你们多扫几遍，体验体验一下打扫的艰辛。"

小畅和小波无话可说，只得又拿起簸箕和扫把出发了。这时候，有两个女生站起来说："老师，平时我也偷偷丢了瓜子壳，我也帮着去扫扫吧。"

我点点头说："好。"

十几分钟后，四个女生都回来了。我看了看簸箕，里面的垃圾还不算多。于是，又问全班同学："你们谁的抽屉里还有瓜子壳？再借我一点。"

小波一听，有点急了："老师，你还要借垃圾呀？"

我说："对呀！如果大家的抽屉里实在没有瓜子壳了，什么果皮纸屑的也可以，只要是垃圾，你们就都借给我吧！"

听我这么一说，全班同学都翻箱倒柜，将抽屉里的所有垃圾都找出来，倒在我面前的簸箕里，这样就有了满满一簸箕垃圾。我对小乐说："小乐，再麻烦你，将这些垃圾都倒在路上。"

小乐有点犹豫："老师，这么多垃圾，还让她们去扫呀，可能这个午自习的时间都不够用了。"

我说："这个你不用管，你只管去倒你的垃圾就行了！"

看我说得如此坚决，小乐只得硬着头皮站出来搬簸箕。小畅有点情绪失控，一下子拦在小乐的前面："老师，我知道错了，求求您，别再让小乐去倒垃圾了！"

我说："那不行！小乐，你大胆地去倒吧，没有人能阻拦你！"

小乐在小畅和小波怨恨的眼神注视下，出了教室。

这时候，班长站了起来："老师，我去帮她们打扫吧！"

紧接着，又有几个女生站起来："老师，我们也去帮忙吧！"

最后，所有同学都站了起来，他们有的拿扫把，有的拿簸箕，没有那么多劳动工具，有些同学则干脆直接用手捡。人多力量大！只十几分钟时间，小乐撒出去的所有垃圾都回收回来了！

我说："本来还有一项内容，是让小畅和小波两位同学打扫整个教室。既然你们都愿意帮助她们，那你们就一起干吧，教室的每个角落里，都有垃圾，你们都给我找出来打扫干净。"

全班同学一听，呼啦啦都站了起来。有的搬开电视柜，电视柜后面塞满了塑料袋；有的搬开工具角堆放的扫把，扫把下面也压着垃圾；有的打开玻璃窗，玻璃窗的卡槽里塞了垃圾……总之，只要是比较隐蔽的地方，都被人塞进了垃圾。但好在人多，大约十分钟以后，教室里的每个角落都被清扫了一遍，所有学生不声不响回到座位上坐好，等着我说话。

我表情严肃，问小畅："通过今天的垃圾回收，你有何感受？"

小畅说："太累了！"

我说："今天你的累，就是那些打扫卫生的同学的感受。我们丢垃圾的时候，那么轻松，随手一丢就完事了，你今天才体验到，要将你随手丢的这些垃圾收回来，别人要付出多少劳动。"

小畅说："老师，我以后再也不随手乱丢垃圾了。"

我说："很好，不能只在学校里不丢，放假了，到了其他任何地方，都要注意不能乱丢垃圾。老师今天开车的时候，看到一个小孩子，将一大袋垃圾从车窗里抛了出来，丢在马路中间。大家想一想，对于车里的人来说，丢掉这一袋垃圾是很容易的，但是对于环卫工人来讲，要将他们丢弃的这一袋垃圾再收回来，就比较难了。马路上车流不息，横穿马路去打扫是很危险的。每年都有报道说环卫工人在马路上打扫卫生送了性命。大家想一想，这是谁造成的呀？还不是那些乱丢垃圾的人！随手乱丢垃圾，从根本上来讲，是一种'损人利己'的行为，那些屡教不改随手乱丢垃圾的人，骨子里考虑的就是个人的私利，为了自己的私利不惜损害别人的利益。大家刚才在打扫的时候，就发现了，电视柜后面有很多的垃圾，教室的后门后面也有很多，其实距离垃圾桶不过十来步，有些同学就是不愿意走这十多步，看没有人注意，就偷偷地将垃圾藏在隐蔽的地方。今天你藏一点，明天他藏一点，最后导致电视柜后面的垃圾越来越多。但是，这些垃圾能不能永远藏下去呢？显然不能，今天，我们好几个同学费了好大的劲才把这里打扫干净。我想问问那些曾偷偷在这里塞过垃圾的同学，今天，你是否感到愧疚？还有一些今天看我处罚小畅和小波幸灾乐祸的同学，你是否感到愧疚？"

很多人都低下了头。

最后，我说："今天老师送给你们一句话，请大家谨记：利己绝对不能损人！这句话也一直是我的做人准则。当你手上有垃圾准备乱丢的时候，请扪心想一想：我这样做会损害他人的利益吗？"

小畅说："利己绝对不能损人！老师，我记住了！"

小波说："利己绝对不能损人！老师，我记住了！"

全班同学都说："利己绝对不能损人！老师，我们记住了！"

我点点头说："好！希望大家能说到做到！"

学生随手乱丢垃圾的这种行为，在校园里很普通，大家都知道随手乱丢垃圾不好，会给打扫垃圾的同学造成困难。道理都懂，但就是不能自觉遵守，为什么？主要原因就是学生体验不够深刻，在他（她）心灵上划下的"印痕"也不深刻。为了在学生的心灵上刻下"印痕"，就必须将"体验"放大。三次撒垃圾，这是对随手乱丢乱扔行为的放大；三次打扫，这是对打扫垃圾"艰辛"的放大。把行为和体验放到足够大，在学生心灵上刻下的"印痕"足够深，学生就真正理解随手乱丢乱扔给他人造成的困难，行为上才会有真正的改变。

思路点拨

如何在班级内部形成团队合力

问题聚焦 🔍

　　班级一盘散沙，班级内部相互攻击、相互指责的现象严重，班主任非常努力地想形成团队合力，使用了各种方法，学生总是没有什么改变。

　　我带的0701班，刚接手的时候是这样的：

　　早晨的诵读，老师不在，负责纪律的班干部坐在讲台上。有的同学在大声说话，有的同学在玩，还有的在看课外书。极少数同学在认真早读，喧哗的声音一次又一次地将早读声盖了下去。负责纪律的班干部，时不时大吼一声："认真读书！"但是没有多少人听。一小部分同学被劝住了，停止了讲话，却不认真诵读，时不时将桌子弄出一些响声来，教室里更加混乱了。

　　运动会的报名工作就要结束了，可是班里的报名者却寥寥无几。对于这个活动，体育委员再一次动员同学。他用哀求的语气对小乐说："现在还没有人报名参加长跑，而你又擅长长跑，这次运动会你就代表我们班参赛吧？"

　　小乐一副事不关己的样子："我不去，要去你自己去。这么多同学，为什么要我参加？"

　　体育委员无奈，继续哀求："为了我们班的荣誉，你就参赛吧！报名为我们班争光!"

小乐愤愤不平地说:"班级又不是我一个人的,不关我的事。"说完转身就走出教室。体育委员无可奈何,只能动员其他的同学了。刚才还在谈笑风生的同学一看见体育委员过来,立刻走出教室。

在班级里经常能够发现同学们"三个一伙""五个一群"的小团体现象。学校进行优秀班级评比,学生们也不在乎,听之任之。

班干部们一齐来到我的办公室:"刘老师,你得好好说说他们,现在这个班级一团散沙,再任其发展下去,这个班级就不用存在了。"

我理解班干部们的心情,拍拍体育委员的肩膀说:"老师来想办法,保证一个学期以后,让大家看到一个团结的新班级。"

体育委员有些委屈地说:"老师,你一定要好好教育教育这些学生哦!"

我点点头:"放心,老师会尽力的。"

一周以后,我在班上宣布:全班同学按照座位分布,分成四个大组,准备进行长绳训练,一个月以后,进行大组之间的长绳比赛。

我当堂宣布了两条比赛规则:第一,人员一经划定,就不能再调换;第二,正式比赛的时候,所有成员都必须参加,如果缺少一个人,则成绩自动记为最后一名。大组划定以后,由学生自主推选组长,小乐被推选为他们那个大组的组长。

第一天的训练结束以后,小乐气急败坏地走进我的办公室:"刘老师,那个小晓我们组不要了,你把他调到其他组去吧。"

我一怔:"为什么?"

"这个小晓,我要他,不如要一头猪。"

我一听,表情有点严肃了:"小乐,怎么这么说你的同学?"

"这个小晓,只要他一加入,长绳就让他的脚给绊住了,害得我们整个组都跳不好了。不怕神一样的对手,就怕猪一样的队友!你说,我要这样的队友有什么用?"

我非常肯定地告诉小乐:"不能换人!现在你们是一个团队,当初推选你为组长,他也是投了票的,这个时候,你不能因为他出错,就把他赶走。"

小乐一脸沮丧:"老师,真的没得选择了吗?"

我点点头："对！已经没得选择了。现在你所能依靠的就是你的这些组员了，因为你们是一个团队。你想想，你这个组有跳不好的同学，其他组不一样也有这样的同学？如果每发现一个跳不好的同学，就赶走，那你再看看你的组里，还能剩下几个人？"

小乐问："小晓就是跳不好，那怎么办？"

我说："第一天跳不好很正常，谁天生就能跳好呀？老师之所以要在一个月以后才进行比赛，目的就是让大家练呀！"

小乐前脚刚走，小晓就跑了进来，劈头也是一句怒气冲冲的话："刘老师，打死我也不在小乐这个组了。"

我呵呵一笑："为什么？"

"小乐就知道骂人，还说什么要我不如要一头猪。"

我说："那不行，你想想，你不在小乐这个组，谁还会要你？"

小晓说："那我就不参加这个比赛了。"

我说："那更不行，你不参加，根据比赛规则，你们这个组就自动记为最后一名了。"

小晓一脸哭相："那怎么办？"

我说："没有其他办法，发狠练吧！"

第二天，我去看学生的训练，小乐告诉我："小晓没有来参加训练。没有小晓，成绩有了明显提高，昨天跳一个，今天可以跳五个了。"

我说："昨天，小晓来反映情况了，说你骂他了，他不想参加比赛了。"

小乐说："这种人不参加了更好！"

我说："好虽然好，但是根据规则，你们组就是最后一名了。"

小乐一愣："这个规则不好！"

我说："没有什么好不好，规则制定了，就必须执行，我们每个人都生活在规则里，我们必须适应规则。"

小乐急了："那照你这么说，如果没有小晓参加，我们就算练得再好也没有用，也只能是倒数第一名？"

我说："对！"

小乐一脸无奈："那怎么办？"

我说："好办，立即邀请小晓回来参加训练，以后你再也不能骂他了。"

"不骂他，难道还表扬他？"小乐脸上还是有些忿忿不平。

我说："对！你骂小晓是一头猪，然后小晓拒绝参加你组织的训练，你知道这叫什么吗？这叫相互指责，相互攻击，这种对抗的后果就是整个团队分崩离析，一团散沙。你还记得今天上午老师上的数学课吗？老师正准备讲解一道数学计算题的时候，小晓在下面飞快地说出了第一步怎么做，当时我的反应是，立即将手上的粉笔递给他，对他说：'你来帮老师写一下。'你知道我请他写是为什么吗？我这是尊重他，信任他，鼓励他。我这样做的结果就是小晓越来越喜欢数学课了。你们现在是一个团队，在一个团队内部，要想形成合力，就必须相互鼓励，相互尊重，相互信任。就是小晓在训练的过程中出错了，你也不能骂他，相反，应该安慰他，鼓励他，说没关系，我们再来。如果这一次比上一次有一点进步，你就应该肯定他，表扬他，说他很不错，有了进步。这样，小晓才会一点一点进步。如果你们整个大组的同学，都像刚才老师教你的这样，相互鼓励，互相尊重，相互信任，你这个大组的团队合力就会形成。"

小乐说："老师，我懂了，我去试试！"

我微笑着点头，说："很高兴看到你的进步，我相信，你们组一定会取得成功的。"

一个月以后，班级长绳比赛，小乐带领的大组获得了班级的第二名。

我办公室的同事谢老师有点不理解这种做法："刘老师，班级闹不团结的时候，其他班主任可能就是开一个班会，排练两个情景剧，或者讲两个故事，或者喊两句口号，或者看几张图片，对学生进行一番批评教育就了事，你为什么要煞费苦心弄一个这样的长绳比赛呢？时间那么长，过程那么复杂，多费事呀！"

我说："我这是有历史教训的。之前我也是一直采用你说的那种方法，开一个班会，对学生进行一番思想教育，结果发现：刚刚开完'提高个人文明素养'的班会，走出教室就把手中的垃圾袋随手扔在了地上；当天开完孝敬父母的班会，放学回到家就对母亲恶语相向。谢老师，你知道是什么原因导致这种说教式的班会课如此低效吗？"

谢老师摇摇头说："不知道。"

我说："最根本的一个原因，就是班会课的'情景虚拟'。我作为一名班主任，有很多的教育思想要渗透给我的学生，又不好用'填鸭式'的方法告诉他们，因此就绞尽脑汁找到一些载体，比如情景剧、AB剧、故事、辩论、语言，等等。虚拟再现某一事件或事物发生与发展的环境、过程，让受教育者理解教育内容，进而在较短时间内提高认知水平，当然更期望他们能在提高认知水平之后，紧接着把素养也提高了。但是没想到的是，学生的认知水平提高了，素养并没有得到提高。还是应了那句老话：理想是美好的，现实是'残酷'的。有知识没素养的现象，仍然在班级广泛存在。这种虚拟的情境教育之所以效果差强人意，就是因为学生知道这不是真实的。学生依据自己的甄别能力进行判断，老师这是给他们演一场戏而已，作为'观众'，他们知道，戏里演的那些东西与自己的切身利益并没有直接的关系。所以学生也就不存在去进行反思、对比、抉择，接收就行，学生的思想也就没有'真实'的触动。这就好比司机的酒驾，其实每个司机都知道酒驾的危害，但是那些没有'切肤之痛'的司机总是有侥幸心理，认为自己不会出问题。但当他经历过一场真实的酒驾事故之后，或者遭遇一次真实的交警处罚之后，这个司机就有了警觉意识。而我之所以煞费苦心组织班级的长绳比赛，目的就是给空泛的道德教育内容找一个载体，使其具体化，让每一个学生都可感受，可体验。其实，每一个学生都知道，一个班级要团结，不能一盘散沙，但是怎么做才是团结呢？学生没有具体的操作经验。但是，一次跳长绳比赛就让所有学生都理解了，在一个团队内部不能相互指责，某个同学拖了团队的后腿，你不能骂他是'一头猪'，这样只会相互抵消各自的努力。正确的方法是，将团队的每一个成员都看成是你可以依靠的力量，相互信任，相互鼓励，相互尊重，才有可能形成团队合力。这个教育的过程，虽然复杂，虽然时间长，但是这就是德育，要在过程中育人。"

最后，我问谢老师："经过这一次长绳比赛以后，你有没有发现我们班的变化？"

谢老师说："确实有很大变化，现在走进你们班，感觉班级的精神面貌跟以前大不一样了。英语早读的时候，如果有人讲话，旁边的人会主动站出来提醒他；如果有人单词默写不出来，没有人嘲讽和打击，相反，会有很多同学去安慰他，鼓励他。"

我说："你说的这些现象都表明，学生从长绳训练中学到了很多东西。"

跳长绳是一个载体，让学生在跳长绳的训练中，明白一个道理：一个团队只有相互信任、相互尊重、相互鼓励，才能形成合力。尽管团队中有"猪一样的队友"，但是对这样的队友，也不能指责，只能鼓励，因为每一个团队成员都是团队依靠的力量。在这个案例中，小乐之所以会最终接纳小晓，有一个很重要的因素，那就是规则的约束。如果没有"缺少一个人成绩自动记为最后一名"这一条，小乐肯定会放弃小晓。所以，老师在设计载体的时候，将规则设计好，也是保障教育效果的关键。

思路点拨

如何跟假小子讲安全

 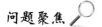
　　一个假小子，总是在校园里玩一些危险游戏，老师和同学看得心惊肉跳，她则觉得很刺激。讲过很多道理，她却当成耳旁风，根本听不进去。

　　小颖是一个典型的女汉子。

　　有一次，我爬上教学楼的四楼，赫然发现假小子小颖正站在栏杆上，大摇大摆地走来走去，把我吓出一身冷汗，不敢靠近，不敢大声呵斥，甚至不敢让她发现我已经到了四楼。生怕惊扰了她，发生什么意外。我屏住呼吸悄悄退到三楼，躲在拐角处观察她的一举一动。走了两个来回以后，假小子才不紧不慢地从栏杆上跳了下来。确信她已经平安落地以后，我才猛地冲过去，一把将她拽进了办公室。

　　"为什么要站到栏杆上去？"我绷紧脸，音调有些高。

　　小颖脸上还有些许得意："栏杆上很平坦，在上面散步很凉快。"

　　我越发气恼："你不知道站上去很危险吗？万一掉下去了怎么办？"

　　假小子一脸的无所谓："栏杆那么宽，哪那么容易掉下去？"

　　我气急败坏："小兔崽子，掉下去就迟了！每个人的生命都只有一次，是不能有万一的呀！"

小颖看我暴跳如雷，马上讨饶："刘老师，我知道错了，再也不敢了！"

我有些怀疑："真的知道错了？再也不敢了？"

假小子信誓旦旦："真的不敢了，我保证！以后再出现这样的事情，您无论怎么罚我都行！"

我松了一口气："好吧，就信你这一回。"

没过多久，班长向我报告，小颖又发明了新的刺激玩法——坐滑竿。

我一脸惊愕："何谓坐滑竿？"

班长解释说，就是从四楼下到一楼的时候，不走楼梯，而是直接坐在楼梯扶手上，凭借着动力势能，一路下滑就到了一楼。

我心底叹服，居然发明了这种玩法。

那天下课铃响以后，我特意从一楼往四楼走，果不其然，小颖坐在楼梯扶手上，一路呼啸而下。在楼层与楼层之间，有一个转弯的平台，而楼梯扶手在平台处则有一个180°的拐角，假小子在这个拐角处的"换挡"异常熟练，屁股一扭，整个身子就转了过来。看她技术如此娴熟，我就知道这假小子不是第一次玩了。滑到我的跟前，被我一把拽住了。

"小颖！你不要命了！"

假小子定睛一看，知道拽她下来的是何许人也，立马耷拉下了脑袋。

我拽着她的手，往楼上走，径直到了四楼办公室。

"你知不知道你这样做很危险？万一发生意外，你这一辈子就毁了。到时候后悔就迟了！"我气急败坏，用手连续敲打着桌面，恨不得踢她一脚，甩她一巴掌。

假小子又故伎重演，装臣服，装老实："老师，我错了，以后再也不敢了！"

我仍然有些气恼："这样的话你已经说过一遍了！"

假小子一副可怜巴巴的样子："真的真的，再也不敢了，这是最后一次了，您放心！"

我虽然不相信她再也不敢了，但是也无可奈何——我无法时时刻刻守着她。

过了不久，班长再次向我报告，小颖趁我不在教学楼的时候，又偷偷地爬上了栏杆，又偷偷地坐滑竿下到一楼。

班长站在我面前，迟疑了一会儿："刘老师，要不要把小颖叫过来教育一顿？"

我苦笑一声："教育一顿有什么用？我们学校好多老师已经教育过她了，政教处的周主任、李老师，还有教语文的李老师、教物理的戴老师，不是都抓了她的现行，都教育过她吗？但是有效果吗？现在她反而学精了，玩刺激的时候避开所有的老师，行动更加隐蔽了。如果不是学生举报，我们都以为她已经真的认识到这些举动的危险性了。"

班长一脸担忧："老师，那怎么办？任由她这样做吗？万一发生了意外怎么办？"

我摆了摆手："容我想想，只有换一种教育方法，才能让她真正认识到这些举动的危险性，自觉停止冒险。"

我在办公桌前发呆，反复问自己两个问题：难道小颖不知道自己的行为是危险的吗？我们之前的教育为什么会无效呢？很显然，小颖知道自己的行为是危险的，很多人已经跟她讲过这方面的道理了。我相信，在家里，她的父母肯定也给她讲过这样的道理。那么，既然小颖知道这样做很危险，为什么还是要去做呢？

我回忆自己开车，以前也喜欢寻求刺激，只要路面允许，就会不由自主地加速。每次母亲坐我的车，都提醒我，慢一点，再慢一点。对母亲的教导，我一个字都没有听进去，依然我行我素。有一天，我独自驾车的时候，前方100米处，一个骑摩托车的中年妇女突然左拐，我急忙摁喇叭，踩刹车，但中年妇女依然不管不顾，继续往左边拐弯，我吓出一身冷汗，车子终于在离那个妇女两米处停住。

这一"吓"非同小可，整整一天都在回想那一刻的惊心动魄，反思自己驾车的时候太大意了，怎么能开得那么快？怎么能在看到前面有摩托车的时候，不早做提防？反思的结果就是，形成了自己的认识："危险"多么可怕，"安全"多么宝贵！下次再开车，我就变得异常警觉，只要发现有骑摩托车的人，我就会自觉放慢速度。

这个事例说明，要让一个人吸取教训，说教基本上是没用的，只有经历过亲身体验，在心理上有过"危险"和"安全"的巨大对比，才会自觉约束自己的行为。

"危险"和"安全"之间的巨大对比！我思考着这一句话。

小颖目前体验到的，都是"冒险"的刺激性，正是在这样一种刺激的麻痹下，她已经完全丧失了对"冒险"可能后果的警觉性，变得胆大妄为，得意忘形。要改变她的行为，就必须让她体验"冒险"可能后果的残酷性和今后生活面临的真实困难，这样才会在她的内心深处产生真实的触动，她也才会去进行反思和抉择。如果她的内心没有这样一种认识——与冒险造成的生活困难相比，刺激性是不值一提的——教育活动是不会产生实质效果的。

现在，我需要解决的问题是：如何才能让她体验到冒险后果的残酷性和今后生活的困难？而且，这种残酷和困难，得让小颖心生畏惧。

我冥思苦想，一个星期以后，终于有了一个比较好的教育方案。

班会课时间到了，我走进教室，满面春风地对全班学生说："同学们，这一节课，老师想跟大家玩三个游戏。"

学生们一听，一个个都摩拳擦掌，兴奋不已。

我说："为了玩好这三个游戏，老师想请一位胆大一点同学配合我，哪位同学愿意？"

大家一听"胆大"两个字，一齐手指小颖，我们班小颖胆子最大了！

我跟学生介绍说："第一个游戏的名字叫'盲人生活'，就是老师用一块黑布，蒙住参加游戏同学的眼睛，这位同学要在完全黑暗的情况下，从他的座位上走出来，然后经过教室里座位间的过道，走到教室的外面，然后从教室的后门进来，再回到自己的座位上，在课桌上摸到自己的笔，写下自己的名字。"

小颖蒙好眼睛以后，从座位上站起来，伸开双手探路，凭着记忆往前走，一路跌跌撞撞，磕磕碰碰，旁边不时有同学提醒她要注意什么，最后终于回到了自己的座位上，双手在桌子上四处乱摸，终于摸到笔，在纸上写下自己的名字。

我拿下小颖眼睛上的黑布，让小颖看自己写的字，问她写得怎么样。

小颖说："字写得歪歪扭扭，比平时差多了。"

我又问她："如果生活中没有眼睛，方便吗？"

小颖直截了当地回答说："不方便。"

我没有再追问，继续组织第二个游戏："第二个游戏的名字叫'单手生活'，规则要求游戏者将外衣脱下来，左手垂放，在左手不参与的情况下，将外衣穿上。"

小颖费了好大的力气，尝试了很久，始终无法将外衣穿上。

"第三个游戏的名字叫'单腿生活'，规则要求游戏者将左脚抬起来，不准落地，游戏开始以后，游戏者从座位上站起来，沿着教室里的过道，经过讲台，走到教室外面，然后从后门回到自己的座位上，反复三次。"

做第一次的时候，小颖觉得有些吃力，气喘吁吁，她想中途放弃，我命令她继续完成。她歇息了一会儿，继续单腿跳跃。第二次做完时，已经有些体力透支，她又想放弃，我再次强调不准放弃，必须继续完成。最后一次，她中间歇息了三次，才回到自己的座位上。

待她气息调匀，我问她："感觉怎么样？"

小颖回答说："不方便，很费力，很艰难！"

我微笑着问她："假如这不是一个游戏，要是你没有眼睛，或者没有一只手，或者没有一条腿，这样生活一个月，你愿意吗？"

小颖不假思索地回答说："这样的生活我一天都不愿意过！"

我继续询问："假如这样的生活不是一个月，而是一年，甚至一辈子，你愿意吗？"

小颖跳了起来："老师，你是不是疯了？这样的生活我一天都不愿意过！"

我盯着小颖的眼睛："你一天都不愿意过这样的生活是吧？假如你站在教学楼走廊的栏杆上散步，从上面摔下去，摔瞎了眼睛，或者摔伤了手，或者摔伤了腿，那就必须过一辈子这样的生活。假如你玩坐滑竿，从上面摔下去，摔瞎了眼睛，或者摔伤了手，或者摔伤了腿，你也必须过一辈子这样的生活。到时候就不是你愿不愿意的问题了，而是必须接受的事实。如果你实在不愿意过这样的生活，那么，从现在开始后悔，你还来得及。"

小颖呆呆地坐在座位上，痴痴地望着我，眼睛里写满了惊慌。俄顷，她低下头去，嘴里喃喃有声："我后悔，我真心后悔！"

这次班会课开过一个月以后，我悄悄问班长："小颖还追求刺激吗？"

班长眉开眼笑："刘老师，您真神了，假小子这一段时间收敛多了。"

安全是一个老生常谈的话题，很多学生都不以为然，心存侥幸，认为那样倒霉的事情不会发生在自己头上，因此屡教不改。我设计的三个体验活动，实际上让假小子体验"假如"发生了的生活。"假如"发生了的生活，给她的感受就是极不方便、悲催、痛苦、无法忍受，这样的生活，别说是"一年""一辈子"了，一小时都难熬，一小时都不愿意。这种真实的体验，让她觉醒过来：身体健全最重要，安全最重要，不能再追求刺激。

思路点拨

如何让从不写作业的学生写作业

问题聚焦 🔍

　　一个从来不写作业的学生，班主任和任课老师用尽了办法——感化、说教、处罚，最后是心力交瘁、彻底放弃，这学生似乎已无药可救。

　　小云是新转入我班的。他妈妈送他来班级的时候反复跟我说："这孩子学习成绩不好，经常不做作业。他以前的班主任和任课老师想尽了办法，试过说服教育招、处罚招、表扬招和爱心招，都无济于事。我们做家长的也为这事伤透了脑筋，最尴尬的是被老师叫去上'政治课'：'儿子是你自己的，做家长的在家里要管着他一点。'言下之意就是我这个做母亲的在家里不管他、放纵他。其实老师说得对，孩子是我自己的，我哪能不着急呢？"

　　其实，孩子的妈妈已经尽力了，孩子每天一放学回家，娘儿俩就为做作业的问题打起了"游击战"，妈妈这方是围追堵截，小云是敷衍应付，磨磨蹭蹭，所以，他每次的作业都没有达到老师的要求。

　　这位已经心力交瘁的妈妈在办公室里欲哭无泪："老师，拜托您想想办法，救救我孩子。"

　　我很冷静，对小云的妈妈说："要解决问题，首先得找到产生问题的根源在哪里。"

小云的妈妈拭干了眼泪，眼里有一丝亮光闪过，她似乎看到了一线希望。我让小云的妈妈讲述他以前的老师是怎么教育的。根据她的讲述，我分析总结出以前的老师曾对小云用了四种方法：

第一种是感化。老师们坚信"爱心无敌"，所以从生活上到学习上处处关心小云，老师们的本意是用博大的师爱去感化小云，让小云觉得自己不努力学习就对不起自己的老师。

第二种是教育。主要采用说服的方式，比较温和，比如不做作业的危害的教育、理想前途的教育等。

第三种是打击。主要采用"惩罚"的方式，一般都很严厉，比如埋怨训斥、批评处罚等。甚至当觉得学校教育"势单力薄"的时候，还会邀请家长"共同参战"。试图用一种比较凶猛的方式一把将小云的"顽症"剔除，其结果是事与愿违，不但"顽症"没有剔除，反而将小云赶到老师和家长的对立面，"追讨学生作业"成了一场永远不会结束的"持久战"。逼急了，小云敷衍应付一下；不逼了，小云也就"优哉游哉"了。

第四种是放弃。这是最后一招了，应该说是"无招之招"。感化、教育、打击都不成，那老师们就只好放弃了。

小云的妈妈连连点头："老师，您分析得太正确了，小云这孩子还有救吗？"

我微笑着说："当然有救。以前你们用的这四招都是在'管理'思维指导下采取的措施。方法都用尽了，还是没有效果，那么说明这种思路是无效的，应该换一种思路，那就是'训练'。"

小云的妈妈一听，脸上写满期待："刘老师，快说说您的方法。"

我故意卖了一个关子："您知道小云为什么不做作业吗？"

她一脸迷惑："孩子太懒呗。"

我摇了摇头："不对，您确实冤枉了孩子。小云不做作业，至少有三个原因：第一，小云自身的习惯问题。小云应该是有很长一段时间不做作业了，老师和家长已经和他'斗智斗勇'了很长一段时间。多年以来，小云已经'习惯'了不做作业，因此一下子改变他的这个习惯会让他觉得难受。第二，知识漏洞太多。实际上，这才是核心问题。长期以来，小云学习不扎实，知识链条多处断裂，漏洞太多，他根本就不能独立完成作业。因此，老师和家长看到的他不做作业的'表面现象'，并不纯粹是因为'懒惰'，最根本的原因可能是他实在'无能为力'。但老师和家长则没有这么'体谅'他，一看他不做作业就'诊断'为'懒惰'，并想方设法根治他的'懒惰'，弄得他越来越烦。他是属于典型的'不知道做也不喜欢做'的那类学生，而老师和家长的'误诊'，已经让他厌烦透顶，但他又不善于把自己的'烦躁'向家长和老师用语言表达。当然还有一种情况是，小云已经将自己的'烦躁'向老师和家长进行过语言表达，但老师和家长根本就没有'理睬'过他的表达。第三，教育的过渡太生硬。学校和家庭都试图一下子就使小云从'不做作业'过渡到'做作业'，这种教育方式的'管理'色彩太浓，过渡太生硬，是没有人能适应这种过渡的。难怪小云这么多年一直'不屈不挠'地'坚持战斗'，都没有被'击垮'。"

"那么怎样才能让小云做作业？"显然，小云的妈妈已经有点迫不及待了。

我胸有成竹地说："我想对他进行一种循序渐进的训练。这种训练总的原则是'小步子、低台阶、勤帮助、多照应'。一步一步训练，在巩固第一阶段的成果以后，再推进到第二阶段。我将这种训练方法命名为'得寸进尺作业训练法'。"

美国社会心理学家弗里得曼做了一个有趣的实验：他让助手去访问一些家庭主妇，请求被访问者答应将一个小招牌挂在窗户上，她们答应了。过了半个月，实验者再次登门，要求将一个大招牌放在庭院内，这个牌子不仅大，而且很不美观。同时，实验者也向以前没有放过小招牌的家庭主妇提出同样的要求。结果前者有 55% 的人同意，而后者只有不到 17% 的人同意。后来人们把这种心理现象叫作"得寸进尺效应"。

上述心理效应告诉我们，要让他人接受一个很大的甚至是很难的要求时，最好先让他接受一个小要求，一旦他接受了这个小要求，他就比较容易接受更高的要求。

具体来说，训练分四步走：

第一步，要求他抄题目。这一步的目的是解决"动笔"的问题。小云长期不做作业，老师和家长又是反反复复"围追堵截"，已经让他对"动笔"形成了消极的条件反射，一拿笔就心情不好，内心厌恶。所以，要让小云做作业，就必须先去掉他内心的这种"厌恶感"。这一步至少训练一个月，才能把他多年来形成的"条件反射"去掉。

第二步，要求他抄作业。这是书法中"摹"的方法。以前小云的习惯是不做作业，现在我要改变他的这个习惯，培养一个新的习惯，所以就必须让他知道做作业是怎么操作的，为过渡到下一步作好准备。在这一步中，教师对小云只提一个要求就可以了：那就是尽量把作业"抄"工整，不能马虎潦草，应付老师和家长。在实施这一步的过程中，老师最好调查一下学生最喜欢干什么，如果他做得好，可以奖励他喜欢的东西，以使他的内心有成功的喜悦，培养他坚持下去的毅力和耐心。这一步也要训练一个月，才能推进到第三步。

第三步，借鉴学习法。这是书法中"临"的方法。你要让学生从"抄"作业，一下子过渡到做作业，实践证明，这样的过渡还是太生硬，很多学生都适应不了。因为"抄"作业不需要独立思考，而自己做作业则需要进行独立思考，从"不思考"到"独立思考"也需要过渡。这种方法的操作程序是：那些学习障碍生先把优秀学生的作业看几遍，看懂了，再还回去，然后自己做。这一步也要训练一个月。

第四步：要求他独立自主完成作业。这一步的目的是训练学生独立思考的能力。当小云逐渐形成了做作业的习惯的时候，要求他能够自己解决的习题尽量自己解决，不到迫不得已，不使用借鉴学习法。

这样一步一步，训练四个月，一个新的习惯就会形成。有点遗憾的是，经过四个月的训练，小云虽然已经形成了做作业的习惯，但是他还是不能彻底摆脱借鉴学习法。这说明他知识链条的断裂，还没有完全修复。

小云之所以不写作业，其实并不是因为他懒惰，真正的原因是他不会做。所以家长和老师用尽了方法，都无法改变他。你想想，假如有一个人天天督促你写教育教学论文，如果之前你没有写作基础，你能做到吗？是不是也会成为小云这样？训练的方法，就是按照循序渐进的思路，从小云能做到的开始，一步一步引导他向"做作业"的目标前进。有老师曾经对一开始让小云抄题目有质疑：学生哪有这样完成作业的？我认为，必须从这一步开始，虽然这样的做法看上去有悖教学常规，但是这个学生的实际情况决定了他只能从这个步骤开始。

思路点拨

如何教育在课堂上口吐脏言的女生

问题聚焦 🔍

　　女生居然在课堂上口吐脏言，很粗鲁，也很不文明，关键的问题是她自己还没有意识到这一点，以为这没有什么不好。

　　在我上数学课的二班，有一个叫小丽的女生，我和她的关系一直处在若即若离的状态。

　　这个女生是中途转学来的，数学基础很差。刚开始的时候，她说在之前的学校，从没听过数学课，但是她很喜欢我的讲课风格，跟她爸爸说，她准备认真学好数学。

　　她爸爸特意找到我，告诉我小丽学习数学的感受，希望我能继续鼓励她。

　　她给我的印象，是一个很敏感的女孩，有几次，我走近她，想看看她在草稿本上的演算，但她都用手遮挡着，说："老师，您能不能不看我的本子？"

　　行！那就不看吧！以后从她跟前经过，我都加快步伐，走了过去！

　　一段时间以后，她变得很不认真，上数学课的时候，经常是梳梳头发，照照镜子，然后找前后左右的同学讲话。我有一次忍无可忍，就点了她的名，她大声抗议说是借东西，不是讲话。我知道她敏感，没有继续批评她。

有一天，她又在四处找人说话，我眼睛盯着她周围的人群，一些学生知道我已经注意到了，有所收敛。偏偏小丽不知道收敛，继续无所顾忌地找人借东西，还"翻山越岭"，委托临近的同学向相隔几个组的同学借。

我实在忍无可忍，就绷紧脸，说："有一个学生，找左边的同学讲话，完了，又找右边的学生讲话，继而，找前面的学生讲话，然后，找后面的学生讲话。"我并没有点名，但全班同学都知道是谁。

没想到的是，这个女生众目睽睽之下，竟然大爆脏口，脱口而出一句我们当地小流氓经常用的脏言——你 mmyb。

全班同学都怔住了，场面极其尴尬。我当时真想大声训斥她两句，或者甩她两耳光。但想到这样的教育方式除了恶化师生之间的感情，对解决问题毫无益处，于是就强行忍住了，没有在课堂上咆哮。

我带总结性地跟全班学生讲："老师最讨厌两种学生，一种是戴首饰的男生，一种是口吐脏言的女生。"然后继续上课。

等到午自习的时候，我走进教室，对着小丽座位的方向喊了一句："小丽，你出来一下。"

小丽也可能知道自己闯了祸，乖乖地从座位上站了起来。

来到办公室门口，我对小丽说："你先不用进办公室了，教学楼下的那个垃圾站旁有一棵大树，你看到没？"

小丽点点头，表示看到了。

"你先到那棵大树下去站 10 分钟，待会我叫你的时候再上来。"

小丽有些不情愿："老师，去那里干吗？那里很臭的。"

我表情严肃，告诉她："老师就是想让你去闻闻那里的臭气。"

小丽一听，脸上有了一丝愠色，磨蹭了一阵，还是心不甘情不愿地下楼去了。

小丽的班主任何老师走过来问我："刘老师，小丽怎么啦？"

我说："她在数学课堂上口吐脏言。"

何老师说："女孩子竟然敢在课堂上口吐脏言，这还了得，一定要重重处罚处罚她，让她好好长点记性。"

我呵呵一笑："重重处罚就不劳您驾了，我正在教育她。在数学课堂上发生的事情，由我来处理比较好。"

何老师感到奇怪："刘老师，你让她站到垃圾堆旁边去，这是罚站吗？"

我说："不是罚站，是闻'臭'。"

"闻'臭'？第一次听说这种奇怪的体罚。"

我笑了："何老师，你又错了，我这不是体罚，我这是体验式教育。"

何老师越发不解："罚站就是体罚呀，怎么说是体验式教育了呢？"

我解释说："小丽在课堂上口吐脏言，我将其定性为'口臭'，现在让她站到垃圾堆旁边去闻'臭'，就是让她体验一下'臭'给人的感觉。我这样做有三个目的：第一个目的，将'臭'这个教育内容具体化。口吐脏言，用我们通俗的话语讲，就是'嘴臭'，平时我们都教育学生要语言文明，'嘴臭'不好，到底为什么不好？通常的说法是反映一个人的文明素养，让人厌恶。但是，这文明素养的内容很空泛，学生理解不了，让人厌恶也缺少具体的体验。我现在让小丽去闻'臭'的方法，就是将语言中的脏字具体化为垃圾堆旁的恶臭，让'臭'这个教育内容，变得可感受，可体验。第二个目的，放大她对'臭'的感受。在现实生活中，实际上我们每个人无时无刻不在进行着各种体验，但是有些体验由于粗浅，不足以让人形成经验。比如，我们老师也会去垃圾堆丢垃圾，但是那个时间很短，所以不觉得垃圾堆旁边有多臭。今天我让她过去站10分钟，目的就是通过这种持久的无处躲藏的闻'臭'体验，放大她内心的感受，强化她的认识。'臭'是让人厌恶的，每个人都会本能地拒绝'臭'的东西。第三个目的，与'香'进行对比。等会儿她闻完'臭'以后，返回办公室，我还会让她闻'香'10分钟，'香'和'臭'形成一种巨大的反差，她才能领悟，'香'让每个人都喜欢，'臭'让每个人都厌恶。对于学生的道德教育，我一直有一个观点，那就是尽量将那些空泛的教育内容具体化，让学生去经历真实的体验、对比。在这些真实的体验之后，学生在内心深处才会有真实的反思和抉择。"

何老师对我竖起大拇指："刘老师，小丽就交给你来教育了，我不管了。"

我说："好，忙你的去吧！"

我站在楼上张望，小丽站在垃圾堆旁边的那颗大树下，刚开始的时候用手捂着鼻子，后来，大概手捂鼻子的方法，还不足以遮挡气味，于是脱下外衣，把嘴和鼻子都捂了起来。她不停地跺脚，不时抬手看表，不时用眼睛瞟教学楼上的我……

我看了看表，10分钟快到了，于是走下教学楼，对小丽说："时间到了，到我办公室来一下！"

进了办公室，小丽欲言又止，我指了指桌上的那盆茉莉花："你坐到那里去，也给我坐10分钟。"

茉莉花正在盛开，有淡淡的清香溢出来，沁人心脾。

10分钟的时间很快就到了，我问小丽："现在有什么感受？"

小丽说："茉莉花很好闻，给人一种很舒服的感觉。"

我说："现在给你做一道选择题。在你的旁边，你希望有个垃圾堆，还是一盆这样的花呢？"

"当然是一盆花咯！"

"为什么？"

"老师，这么简单的道理还用问吗？站在垃圾堆旁边，那太难受了，必须得把鼻子和嘴巴都捂紧，如果时间短的话，最好是屏住呼吸。"

"这就是我们每个人的本能，会自觉接近清香，远离恶臭。人讲脏话，其实也是在制造一个很臭的环境，这种环境叫语言环境。对那种语言很臭的人，人的本能也是想远离他。茉莉花很香，我们都想亲近它，人也一样，语言文明的人，所有人都愿意亲近他……"

听了我的话，小丽的脸一下子红了："刘老师，我错了，以后再也不讲脏话了。"

我点点头："你看你，一个这么漂亮的女孩子，本来应该人见人爱，结果与你交往以后，发现你居然在大庭广众之下口吐脏言，别人会不会像厌恶垃圾堆一样，厌恶你，远离你？现代社会，是一个合作的社会，我们每个人都需要朋友，如果你希望自己将来朋友众多，那么就必须提高自己的语言素养，变得温文尔雅，口吐兰花。老师今天让你站到垃圾堆旁边，不是体罚你，而是告诉你一个道理，要让人喜欢，就要做一个语言文明的人。"

小丽很认真地点了点头："刘老师，谢谢您，我知道怎么做了。"

我呵呵一笑："知道就好，回教室去吧。"

要让口吐脏言的女生语言文明，施教的口诀就是：放大"臭"，对比"香"。

用垃圾堆的"臭"来类比语言的"臭"，然后用这一个载体，让女孩体验"臭"给人的感觉："臭"令人心生厌恶，只想迅速远离。最后，再用茉莉花的"香"来类比语言的"香"，让女孩体验"香"给人的感觉："香"沁人心脾，让人心生喜欢，自愿接近。通过"臭"和"香"的对比，女孩明白了，一个人只有语言文明，才会像"茉莉花"一样，让旁人心生喜欢，愿意接近你，喜欢跟你做朋友。而一个人经常口吐脏言，则会像一个"垃圾堆"一样，让旁人心生厌恶，只想迅速远离你，这样就会交不到朋友，被社会唾弃。

思路点拨

如何让学生的内心阳光起来

问题聚焦

学生内心消极，无论干什么都没有力气，软绵绵的，反映在学习上，就是不思进取，精神颓废，老师该怎么去改变这种状况？

一次我们学校组织外出活动，在车上，为了调节气氛，我鼓动大家表演节目，有一名男生很积极，抢了话筒，一连唱了三首歌，都是一些我从没有听过的流行歌曲，近乎喃喃呓语——别人唱歌要钱，他唱歌要命。偏偏唱者却兴致盎然，而听者皆无动于衷。

车上的导游终于受不了这种耳朵的"虐待"，找一个借口，委婉地夺走了他的话筒，一场"移动音乐会"就此戛然而止，索然无味。我猛然惊醒，原来学生都在唱这些歌，而这些歌正在消磨这群年轻人的意志、理想、信念。

我记得有一个小品，是黄宏演的，主人公一开始被负面消息烦扰，心情忧郁。后来事情忽然峰回路转，阴霾散去。黄宏兴奋地扭起了秧歌，还边舞边唱："解放区的天，是晴朗的天，解放区的人民，好喜欢！"那种从内心喷涌而出的喜悦，感染了我，让我的内心也喜悦起来。

我由此想到：积极向上的歌曲，确实有一种很强的感染能力，它能够扫尽我们内心的阴霾，让人的内心立刻变得阳光起来。

回到学校以后，我决定要立即做一件事情，那就是教学生唱歌，唱那种积极向上的歌曲。为了不至于太突兀，行动之前，我先跟学生开了一个班会。我说："从今天开始，老师准备客串一下音乐老师，教大家唱一些积极向上的歌曲。"

学生一听，有些不解："我们不是有音乐老师吗？为什么你还要来客串呢？"

我说："老师之所以要客串音乐老师，是因为老师发现班上有一些学生太消极，而消极的一个重要原因就是唱忧伤歌曲把心情给唱坏了。举一个例子。有一天，我跟初三年级的一个女生交流，问她平时喜欢唱什么歌，女生如数家珍，说了一长串名字：《擦肩而过》《离不开的离别》《心醉》《一个人失忆》……我吃了一惊，这些歌曲名字我从来没听说过。听她唱了一首歌曲以后，我发现有一个特点，就是很忧伤。再抬头看这个小女孩，我发现小小年纪的她，居然一脸的忧郁。后来我询问这个女孩的班主任，她在课堂上的学习状态怎么样，班主任告诉我，这个女生在课堂上整天浑浑噩噩的，没有一点青春活力，十三四岁的年纪，六十岁的心脏。这个女生之所以会表现出这种状态，有一个很重要的原因，就是那些忧郁的歌曲把她给腐蚀了，使她变得对世事多愁善感，对生活缺乏激情。"

学生一听，有点怀疑："老师，这个女孩是哪个？我们检验一下，看你说的是不是真的。"

我说："这个女孩就在我们学校，但是为了避免她受到伤害，老师不能告诉你们她是谁。再跟大家说一个我亲身经历的事情。我在师范读书的时候，著名歌唱家蒋大为老师到我们学校所在的城市来演出，我们学校组织全校师生观看。那时候，蒋大为老师的《在那桃花盛开的地方》《牡丹之歌》传遍大江南北，这两首歌真的可以说耳熟能详，脍炙人口。当时我在心里暗暗猜测，蒋大为老师应该是一个上了年纪的人。一个人如果能创造巨大的成就，他肯定需要有时间的积淀。结果，蒋大为老师一走上舞台，我就觉得太不可思议了，穿着白西装的他，看上去就像二十多岁的小伙子，神采奕奕，浑身上下充满了激情和活力。如今二十多年过去了，现在舞台上的蒋老师依旧青春焕发，像年轻人一样充满活力。还有我们湖南的李谷一老师，七十多岁的人了，看上去就像三四十岁的年轻人。这些人民歌唱家们，一辈子唱的都是激扬向上的歌曲，人心不老，所以人才永远年轻。而有些港台歌手，今天跳楼，明天自杀的，年纪轻轻就凋谢了生命之花。最主要的原因就是他们一辈子唱一些凄婉悲凉的歌曲，把心都唱伤了，因此使他们对生活也失去了热情，觉得生活就是一杯苦酒。佛家有云：世事无相，相由心生。从心理学的层面来说，每个人的面相都反映着其相对应的身体和心理的状态。比如一个身体健康、身心愉悦的人，通常在面相上会表现出天庭饱满、红光满面、神采奕奕；相反，一个身体有病或者苦恼忧愁的人，通常愁云密布、眉头紧锁，很难有顺心的事情。眼界即是心界，面相即为心相，相由心生就是这个道理。"

学生听了我的话，有点兴奋，说："既然唱歌有这么多好处，那刘老师你就教我们唱歌吧。"

我说："好！"

班会课之后，我立即行动，从网上下载了《阳光总在风雨后》这首歌的简谱和歌词，利用一些课余时间开始教学生唱歌。学生学会这首歌以后，觉得还可以将歌词改一改，把平常在班级常说的一些语句填进去，于是就有了下面的版本：

成功总在付出后

学习过程有苦也有乐

成长需要付出辛苦

难免会有失败和挫折

要勇敢地抬头

不要给自己找什么借口

年轻人要有青春活力

积极锻炼才有健壮体魄

在磨砺中快乐成长

成功总在付出后

辛苦中有快乐

珍惜自己的青春

每一份成功在你手中

成功总在付出后

请坚守住理想

艰难挫折都接受

成功就会在你的前方

有了这次经验以后，我发现其实修改歌词是一件很容易做的事情，选一首积极向上而且班级里面大多数人都爱听的歌曲旋律，再记录整理平时跟学生交流时产生的一些经典语句填入其中，就成为一首改编的歌曲。歌词也不一定需要有多好，只要是真情流露，写出大家团结努力积极进取的精神风貌就好。

从那以后，我每带一个班级，都要求学生每一学期要学会十首歌曲。教学生唱歌是我们班班级文化的一个重要内容。我主要教学生唱三类歌曲：

（1）主旋律歌曲。主旋律歌曲是指能够反映国家新的历史时期的建设成就，能代表广大人民群众精神面貌的声乐作品，是我们祖国繁荣富强的时代礼赞，也是中华民族声乐发展史上的标志性艺术。主旋律歌曲是时代之声、民族之声、群众之声，歌曲中凝聚着社会群体意识的大情操，蕴含着民族奋发向上的大精神。当人们在歌唱或欣赏这些作品时，就会产生强烈的自豪感和自信心，就会从心里涌流出对祖国、对民族的忠诚热爱之情，感受到生活的美好，对未来充满憧憬。比如《在那桃花盛开的地方》《在希望的田野上》《走进新时代》《春天的故事》等歌曲，主题积极向上，能让吟唱者的内心充满自豪感，是我推荐给学生的必唱歌曲。

（2）军歌。军歌是军中唱的激励士气的歌，每一首军歌就是一首音乐化的军旅诗。军歌不必咬准每一个音，只要你放声高吼，唱出你内心的激情和活力，吼出团队的气势即可。军歌有着朴实无华的歌词，简单易记的旋律，能唱出军人蓬勃向上、青春焕发的风采与情怀:《我是一个兵》唱出军人的荣耀与责任,《团结就是力量》唱出军人的团结与强大,《咱当兵的人》唱出钢铁战士背后的骄傲与柔情。我跟学生说,我们学唱军歌,就是要学习军人的精气神,像军人那样豪迈,像军人那样阳光。

(3)励志歌曲。励志歌曲的作用在于,当人心灵处于低谷,对前方的道路感到一片迷茫,或对于自己的能力产生怀疑时,这种歌曲能重新给人以力量,能让吟唱者重新燃起对生命、对生活的信心,让颓废者内心重新生长出激情和勇气。像《男儿当自强》《爱拼才会赢》《真心英雄》《从头再来》等,都是我喜欢的励志歌曲。每每听到这些歌都会让我的心里燃烧激情,激动不已,好像自己马上就要到达成功的彼岸似的。

当这些经典励志歌曲的音乐,在我们班的教室里回荡的时候,当我带领我的学生一起喊出心中愿望的时候,当学生人手一份歌词引吭高歌时,我看见学生个个脸上洋溢着自信、踌躇满志的笑容,似乎心底所有的阴霾,所有的不快和眼泪,都已经随歌声宣泄出来,随风飘散,生活依旧是一片阳光,洒满灿烂和温暖。

颓废是一种由内向外的腐蚀,我最不喜欢这种状态,更害怕自己的学生也陷入这样的状态。若学生对周围的一切都提不起兴趣,甚至班级的每个人每件事都让他莫名烦躁,他是没有希望的,这样的学生多了,这个班级也是没有希望的。因此我才不惜“越俎代庖”,教学生唱歌,我的目的就是希望通过唱一些健康向上的歌曲,来振奋学生的内心,改善他们的内心世界,最后达到改善他们精神面貌的目的。在我的积极努力下,我们班的大部分学生都爱上了唱歌。

我们学校,每年都会举办歌咏比赛,这样的比赛是班主任宝贵的教育资源,这样的资源我一般都会好好利用。

到目前为止,我自认为唱得最好的歌,就是在师范学校读书的时候参加学校歌咏比赛学会的那两首歌。一首是《在太行山》上,一首是《黄河颂》。其实在参加这次比赛之前,我是真正的五音不全,从来不敢单独唱歌。这次比赛,由于多次排练,这两首歌早已烂熟于心,因此我没有怯场。自那之后我就敢“独唱”了。我由此领悟到,学校的合唱比赛,不但能够教会学生开口唱歌，还能够培养人的自信。

因此，学校的每一次歌咏比赛，我都视为珍贵资源，积极组织学生排练。事实证明，这样的排练之后，往往会让一些从来不敢开口唱歌的学生有勇气站上讲台"独唱"一曲。

还有学校组织的各种集会，也是练歌的好时机。每次开会前，我都鼓励学生拉歌。在文娱委员的指挥下，我们班先唱一首歌，然后文娱委员站起来高声喊："二班，来一个，二班，来一个。"

如果这个班级还没有唱起来，文娱委员继续喊："快快快，不要像个老太太。"或者喊："一二三四五六七，我们唱过你们的；一二三四五，我们等得好辛苦；一二三，快快快！"

在这样的场合下，群情激奋，我看到我的学生，一个个都是青春蓬勃，脸上洒满阳光。

其实教学生唱歌，我的根基很薄弱，我就读的农村学校，从小学到初中，没有上过几节音乐课。后来能够识谱，都是在师范学校学的，但我并没有接受过专业的发声训练。

尽管五音不全，但我上课的时候，只要机会合适，就会用唱歌的方式来打趣学生。目的是想告诉学生，歌唱得不好没有问题，关键是我们要有勇气开口。

平时的课余时间，我都会用影碟机之类的工具给学生播放歌曲。学生处在这样的氛围中久了，就觉得唱歌并不是一件难事了。

相由心生。当学生高昂地唱着明亮歌曲的时候，他们的内心也就变得通体明亮起来，这种内心的明亮又会使他们的外表看起来精神焕发，朝气蓬勃。而这种从内而外生发出来的青春和活力，正是学习最重要的动力。

音乐可以使人消沉，也可以使人振奋。唱什么样的歌曲，一定程度上能反映人会处于什么样的精神状态。学生没有甄别能力，一些学生受网络文化的影响，以为忧郁就是一种美，忧伤就是"时尚"，结果在低吟浅唱中，把自己唱得萎靡不振、精神颓废。老师教唱一些积极向上的歌曲，就是从建设的角度去占领学生的思想领域，将那些励志的、昂扬的、明亮的歌曲植入进去，将那些消极的、萎靡的、忧伤的歌曲，从学生的头脑里驱赶出来。

思路点拨

如何提高班级的凝聚力

问题聚焦 🔍

　　　　班级凝聚力差，内部不团结，试过很多方法都不起效。

　　　　班级内部也没有一个核心，就连班干部都没有什么号召力，

　　　　大家从来没有"心往一处想"过，更别谈"劲往一处使"了。

　　有一次，我从操场上经过，我们班的学生正在上体育课。小颖和小敏正在体育老师的指导下练习投篮，小颖站在三分线外，起跳，球在空中划出一条抛物线，应声入框，围观的同学连声叫好。

　　看到这个镜头，我的脑海里闪过四个字：球性不错！接着又闪过四个字：可塑之才！我忽然意识到机会难得，于是拿出手机拍照，有学生问："老师，你拍照干吗？"

　　我说："做 PPT 的素材。来，小颖，小敏，把刚才投篮的那个动作再来一遍，老师拍一个特写。"

　　小颖和小敏一听，也很配合，投篮、运球、传球，展示了自己掌握的一些技巧，我用连拍的方式，给他们拍了很多特写。这之后，我又拍了不少他们打球的素材。

　　班会课上，我将自己拍摄的他们两个打篮球的照片，一组组展示出来，每一组都配上了解说词。有一组照片的解说词是这么写的：

"球到了小敏手里，不等对方球员扑到，又迅速传到了小颖手中，只见小颖蹲身跃起，一个投篮的假动作引得对方两个队员跳起拦截，小颖却在腾空中把球出其不意地传给了小敏。还没等大家反应过来，球又从小敏手里出其不意地传到了小颖手里，只见他轻轻一跳，篮球在篮圈上旋转了三周半，落网而下！"

在朗读解说词的时候，我用眼角的余光观察小颖和小敏，两人在座位上东瞄西瞅，看同班同学的表情和反应，兴奋已经不能自抑，不由自主地有些手舞足蹈。

有学生说："这姿势真优美呀，简直帅呆了。"

我问："有人愿意跟着小颖练球吗？老师想组建一支班级篮球队。"

底下马上就有一些人举手。我说："小颖同学，你来遴选一下，看这些举手的同学中，哪些人适合打球。"

小颖站起来，数了数，一共有七个人举手："老师，我看这七个人都算上吧，反正练球的时候多几个人也没问题，正式比赛的时候，不上场的就是'替补'队员。"

我完全赞成他的建议。于是，我宣布班级篮球队正式成立，任命小颖为队长，小敏为教练，每天放学后由这两个同学组织队员开展训练。

为了增加一点仪式感，事后，我还特地跑到超市买了两张聘书，上书"特聘请小颖同学为××班篮球队长""特聘请小敏同学为××班篮球教练"，拿到政教处盖了公章。利用一个午自习时间，举行了一个简单的颁发聘书仪式。

小颖和小敏也很上心，每天一放学，就召集队员们开展练习。练了一个月以后，小颖说："老师，我们跟兄弟班级打一场球赛怎么样？"

我一听，很感兴趣："你这个建议很好，老师也有这个设想。但是考虑到我们的篮球队才刚刚组建，是不是再练几个月，到初一下学期的时候再去比赛？毕竟咱们还有很多技术问题没有解决。"但队员们早已沉不住气了，执意要比。并且承诺，如果输了，愿为对方队员打扫三天公区卫生。

看队员们士气高涨，我迅速作出决定，接受队员们的建议，组织一场篮球赛。我有意选择了年级最强的一支篮球队，跟对方班级的班主任商定，利用下周一的班会课，两个班进行篮球比赛，还请了学校的一名体育老师当裁判。

为了打好这场比赛，我事先在全班进行了动员："隔壁班男子篮球队是我们年级实力比较强的一支队伍，他们的队长看到我们班天天在训练，已经多次向我提出申请，想和我们班打一场友谊赛。大家说打不打？"

底下就有人嚷开了："老师，还问什么，人家已经找上门了，当然要打！"

我说："篮球队长小颖也说一定要跟隔壁班打一场，但是我一直比较犹豫，担心我们班篮球队的实力不如人家——"

"老师，你不要长他人志气，灭自己威风，我们经过这些天的训练，早已是今非昔比了。"全班群情激愤，每个人都说一定要打。

我心中暗喜。其实，我"激将"的目的，就是使全班同学都感受到外界的压力，然后大家都齐心协力，来共同应对压力。

以前，任课老师都说，这个班级的凝聚力不强，内部经常相互"拆台"。我之所以要任命小颖组建篮球队，最终的目的就是通过篮球赛这个载体，来让学生体验，如何团结一心应对外界压力。

我看学生已经急不可耐，于是趁机宣布了一个决定：如果要打的话，那就请班长作一下人员安排，使人人都有事做。

很快，班级篮球赛的人员安排表就出来了：

上场队员：小颖、小敏、小顺、小蔚、小毅。
候补队员：小波、小超。
茶水：小蔡、小晓、小笑。
记录：小畅、小艳。
啦啦队队长：小燕。
啦啦队队员：全班其他同学。

比赛那天到了，全班每个同学都找到了自己的岗位：有准备茶水的，有专门负责给运动员递毛巾的，有蹲守记录台的，有写通讯稿的，有拉宣传标语的……个个脸上红扑扑的，显得很兴奋。一切准备就绪。可等到上了场才发现，与对手的实力真的差距很大，人家那奔跑速度、运球技术都更胜一筹。结果输得很惨，18∶42。我们班的队员在奔跑过程中经常被对手追上，传球也出现了很多失误，在篮板前还时常被人"盖帽"……队员们个个垂头丧气，女生们递茶倒水也神情沮丧，谁也不想言语。

离晚自习还有 10 分钟，我正在办公室里沉思。忽然，小燕闯了进来："刘老师，我们要成立一支长跑队。"

"你是怎么想的？"

小燕的脸涨得通红："今天的比赛，我们发现了，小颖虽然投篮命中率很高，但是他体力不够，在球场上不善奔跑，严重影响了他投篮技术的发挥。全班同学都提议小颖每天进行长跑，以增强体力。为了鼓励小颖坚持锻炼，全班有 12 个男同学、7 个女同学愿意陪跑。"

小燕的话语很急骤："我们已经把计划都做好了，每天晨操之后，跑五圈，放学以后，也跑五圈，加起来，每天跑十圈。（我们学校是 200 米的跑道）从明天开始，我们就进行训练。"

我说："好呀！这是一个好设想呀！老师坚决支持你的行动。说吧，需要老师做什么？"

"我们现在需要所有任课老师的配合，放学以后不再找学生谈话或者单独留作业。"

我说："没问题，这事交给我。明天我跟所有任课老师都打招呼。"

"谢谢刘老师！"小燕的情绪终于平稳下来，脸上绷紧的肌肉也有一点放松。

后来我得知，帮对方球员打扫三天公区的任务，是所有陪跑学生一起去完成的，他们在自愿接受处罚的时候，内心反击的力量也在积蓄，他们说："我们不服输。"其实，比赛的结果早在我的预料之中，我的目的就是想让学生去经历真实的体验。

以往带班的经验告诉我，一个班级如果要有凝聚力，必须具备三个条件：

第一，有一定的外部压力存在，同学之间必须联合力量，才能对抗压力。

第二，有共同的奋斗目标。

第三，班级内部分工明确。

可以说，这次篮球比赛就很好地满足了这三个要件：

我之所以选择年级最强的篮球队作为对手，其目的就是给学生造成一定的外部压力。我在赛前的动员，让全班同学都有了共同的奋斗目标——战胜隔壁班级的篮球队。最后，班长作的人事安排，人人都有事做，也就是在班级内部进行分工，让人人都为这次比赛出力。

比赛之后的好长一段时间，班级内部空前团结，平时那些喜欢相互拆台的小女生，一个个都变得"肝胆相照"了。

年级篮球赛，让学生真实地体验了失败给班级荣誉带来的损害，正是这种真实的体验，让学生领悟了"团结就是力量"的真谛。学生哭了，或者笑了，说明他们体验过了，有了真实的触动，他们在体验中也获得了真实的成长。

经过两个月"卧薪尝胆"式的刻苦训练以后，队员们再次找到隔壁班级的班主任，一定要再比一次，一雪前耻。

没有任何悬念，这一次我们赢了，赢了5个球。

全班欢欣雀跃，班长还代表全班同学出面跟我要了一个晚自习，在班级开了一个小小的庆功会。庆功会后，篮球队又扩招了5名队员，班上自觉参加长跑训练的学生越来越多。

有一天，我跟学校政教处的领导建议，现在每个班都有了自己的篮球队，可以组织一次年级的篮球赛。政教主任认为我的建议很好，同意举行比赛。

我还建议，可以给获胜的球队一点奖励，比如第一名200元，第二名150元，第三名100元。没想到，这个建议政教主任也采纳了。

当小颖同学从政教主任手里领回200元奖金的时候，全班同学拥抱在一起，庆祝来之不易的胜利。

经过两年的刻苦训练之后，小颖和小敏已经成了我们学校篮球队的绝对主力，体育老师评价说，这两个学生是整个年级里技术和球性最好的队员。我们班的篮球队在整个年级里，所向披靡，无人能敌。

长期的训练，也为小颖和小敏两个同学的专业发展奠定了良好的基础。

中考时，他们就是凭着自己的篮球特长考取了高一级学校。

篮球运动是提高班级凝聚力的一个极佳的载体。在激烈的篮球比赛中，全班同学都面临压力，只有齐心协力，才能够对抗这种压力。这就是"心往一处想"。老师要做的是：第一，将这种压力放大，让每个学生都感受得到。我在第一次组织篮球比赛的时候，有意跟学生说我们的实力不如人家，就是让每个学生都感受到压力。第二，将压力进行分解，在班级内部进行分工，让每个人都有事做，不能把一些学生晾在一边，让他们当看客，做事的过程实际上就是承担压力的过程。这就是"劲往一处使"了。过程育人，教育就是需要这样慢慢"熬"。

思路点拨

第三章

环境重新框定：让行为变得更自觉

- 如何让男生自觉打扫寝室卫生
- 如何让学生主动打扫座位卫生
- 如何让学生不敢懈怠
- 如何让学生的手放下来
- 如何整顿班级纪律
- 如何让班级管理秩序有条不紊
- 如何进行班级十星的遴选
- 如何提高学生的劳动效率
- 如何改变自我中心的女孩

首先，要对本书中的"环境"进行概念界定。本书中所指的环境，是一个狭义的概念，仅指学生在学校里学习生活所处的物质环境和人文环境。

　　物质环境所指也很有限，无非就是教室、寝室、食堂等场所，再细化一下，就是教室里的座位、寝室里的床铺、食堂里的饭桌等。

　　人文环境，也很简单，无非就是同学之间的交往，以及全体学生表现出来的整体氛围，比如班风、学风等。

　　尽管本书中说的环境概念如此狭窄，但它也是一种环境，这种环境对学生来讲，就是一个生态，我称之为教育生态系统。教育生态系统对学生的成长至关重要。因为同一个人，在不同环境中会有不同的行为；同一个问题，在不同的环境中有不同的解决方法。

　　我们常说：大火无湿柴。其实，大火就是一种物质环境，即使是"湿柴"到了这个环境里，它的"湿"也无关紧要了，照样能燃烧，这就是环境改变了"柴"。

　　一个班级，如果学风好，即使转入两名厌学的学生也没有问题，因为大家都在努力学习，这两名厌学的学生加入以后，慢慢就会被班级优良的学风影响，渐渐也会爱上学习。这就是环境改变人。

　　环境重新框定这一工具，要求我们在促进学生改变的时候，如果发现造成学生眼前这种行为的原因是外在环境的影响，就必须想办法打造有利于学生改变的环境，这样才能有效改变学生的行为。

如何让男生自觉打扫寝室卫生

问题聚焦 🔍

男生寝室的卫生总是很糟糕，邋遢、混乱、异味重，每天早晨班主任走过学校的公示栏，都提心吊胆：昨天男生寝室不会又扣分了吧？结果，越担心什么越来什么。

男生208寝室的卫生，一直让我头疼不已。问题主要集中在三个方面：

第一，乱丢乱扔现象严重。男孩子们回到寝室以后，第一件事就是打开行李箱，大快朵颐，垃圾直接扔在地上，鸡骨头、水果核、塑料袋、饮料罐、卫生纸，满地狼藉。

第二，床铺上凌乱不堪。这个寝室的男生都没有整理自己床铺的习惯，床单皱皱巴巴，换下来的衣服、袜子，胡乱堆放在床上。

第三，异味重。有好几个男生喜欢体育运动，每天在操场上奔跑流汗，回到寝室以后，换下来的衣服、袜子没有及时清洗，走进寝室，臭鞋子、臭袜子散发出来的气味，能把人熏得喘不过气来。我有一次在寝室调侃学生说，208寝室，夏天不挂蚊帐，不使用蚊香，也可以睡得很安稳，因为蚊子都让臭袜子给熏死了。

调侃归调侃，卫生状况一直没有改观。每天早晨走过学校的公示栏，我都提心吊胆：昨天208寝室不会又扣分了吧？但越是担心的事情，往往越容易发生。这个 208 寝室，每周总有那么几天"榜上有名"。看到有人在公示栏前指指点点："男生 208 寝室又扣分了！"这样的话就像一记巴掌，抽在我的脸上。小兔崽子们，我也是有好胜心的好吧！能不能不让我这样尴尬，这样难堪！

回到班级以后，马上找寝室长问责任人，再找责任人问原因，然后就是批评教育，对照班级管理制度进行处罚。

让人郁闷的是，这样的流程总是周而复始，一轮又一轮，丝毫没有"暂停"的迹象。要注意公共卫生啦，不能乱丢乱扔啦，要学会整理自己的床铺啦，这些道理说了一遍又一遍，我自己都觉得枯燥无味，没有一点意思。

我想，必须放弃这种老是没有效果、反反复复进行的教育管理，换一种方法。

那一天，放学之后我在校园里散步，恰好看见校长也在操场旗杆处散步，很悠闲的样子，忽然有了一个教育设计。

我走去过，有点心怀叵测地打招呼："校长，您有空呀？"

校长点头微笑："是呀！有点空闲，在校园里溜达溜达。"

我心头大喜："校长，能不能请您到男生 208 寝室里走一趟？"

"可以呀！有什么事吗？"校长的爽快程度完全超出了我的预期。

我压低声音："校长，您进了寝室以后，这么这么说……"

校长呵呵一笑，大手一挥："好的好的，刘老师，走，去 208 寝室！"

我们走进男生寝室楼，隔老远，就听见 208 寝室里传来了笑声、打闹声。

一个脏乱的场景映入我的眼帘：上铺的小蛟、小威、小军、小逸、小顺躺在床上，一片又一片的包装袋飘飘悠悠地从上面飘了下来，早已是遍地狼藉。下铺几个同学则在表演"群魔乱舞"。小蔚手里拿着扫把，小斌拿着书本卷成的"话筒"，小帅拿着脸盆……一股难闻的气味扑鼻而来，让人作呕。

校长敲了敲寝室的大门，见此情景，脸色有些不好看了。

我赶紧扯了扯校长的衣角，暗示他不要发火。

十个男孩都愣住了，十双眼睛像十个探照灯一样，一下子都从各个方向投射过来，聚焦在我们身上，眼睛里都写满担心，担心一场暴风雨即将来临。

我朝校长眨了眨眼睛，校长调整好表情，微微一笑，问："我可以进去做客吗？"

男生们被突如其来的问话问愣住了，面面相觑，不知如何回答。

校长继续不愠不火地问："怎么啦，不欢迎吗？"

"欢迎！欢迎！"十个男孩终于回过神来。

小蔚的手里正好拿着扫把，他三步并作两步冲过来，将校长脚边的一些垃圾扫走，其他几个下铺的男生，有人冲到墙角拿撮箕，有人则干脆用手直接从地上捡拾垃圾……上铺的学生，一个个麻溜地从床上溜了下来，加入了打扫的队伍。一会儿工夫，地面是干净了，但床上依旧凌乱，气味依旧刺鼻。

校长笑了笑，说："这样吧，今天来得不是时候，难为你们了，我明天再来吧！明天我还带你们班的几位任课老师过来参观，怎么样？"

"好的！好的！"男孩们满口答应。

第二天，当校长带着几个老师走进208寝室的时候，简直不敢相信自己的眼睛，翻天覆地的变化，让校长大吃一惊。

皱皱巴巴的床单，铺平了，被子折成了豆腐块，统一放置在床头，桶、口杯、鞋子，像列队的士兵一样，整整齐齐，床上没有任何杂物，最主要的是，异味没了，空气清新。

校长很高兴地在床上坐下，并招呼同学们都坐下："同学们，我今天来就是想跟大家聊聊天，大家不要拘谨。我们把寝室打扫干净，不是给别人看的，而是让自己过得舒服。一个人床铺的整洁程度，反映了这个人的精神面貌，一个生活散漫的人，在学习上也必然是散漫的。而一个每天将自己的床铺整理得井井有条的人，他在学习上的精神状态，也必然是进取的、积极的、认真的。大家说，是不是这个道理？"

男生们连连点头称是。

临走的时候，校长又布置了新的任务："下次，我带你们班女生来做客，让她们当评委，看看哪一个男孩子最优秀，有没有问题？"

男生们一阵欢呼声："没问题，欢迎天天来做客！"

这以后，在我的邀请下，男生208寝室不断地迎来了客人，有同班的女生、邻班的女生，还有政教处的老师、教务处的老师，以及其他年级的女老师。

我再经过学校的公示栏的时候，内心不再提心吊胆、忐忑不安，我经常听到有人在公示栏前说："咦，男生208寝室又得表扬啦！"

办公室的同事看到我不再每天板着一张"阶级斗争"的脸，就悄悄问我："刘老师，你当初为什么会想到这样的方法？使用这种方法的诀窍又是什么？"

我在一张纸上写下两句话：第一，寝室变客厅；第二，客人的重要程度。

其实当初构思这个教育设计的时候，是受一件事的启发。有一次，我在外面吃饭，突然接到一个熟人的电话，说半个小时以后要到我家来做客。我当时有些惶恐，因为我知道家里客厅很乱。家里只有儿子在家，当时他已经十三岁。我急忙给儿子打电话，告诉他等会儿有一个客人会到家里来，请他先打扫一下客厅。我打开门的那一瞬，真的是大吃一惊，儿子已经把客厅打扫得干干净净，平时乱堆乱放的一些杂物也收拾得整整齐齐。

我后来分析，为什么儿子会如此迅速地打扫好客厅？最关键的因素是，在儿子的意识里，现在这个场地，要变成会客的地方了，不再是之前那个自己容身的"窝"了。

我忽然就想明白了一个道理，原来一个场所，可以有不同的定义。比如，我们学校里的房子，如果将课桌放进去，这间房子就叫教室；如果将床铺放进去，就叫寝室；如果将办公桌放进去，就叫办公室。但是，如果某一天，学校觉得某间教室要改变一下用途，将教室里的课桌搬出来，将书桌放进去，那么这间教室，就不能叫教室了，应该改叫图书室或者阅览室。这种改变，就是对一个场所进行重新定义。

在第二序改变中，为了改变学生的行为，对一个场所的用途进行改变，这种技术叫作"场所重新定义"。场所重新定义之所以能改变一个学生的行为，是因为学生知道，不同的场所，对人有不同的行为规范要求。比如在教室里，学生上课的时候必须认真听老师讲课，下课的时候则可以自由嬉闹。但是在图书室里，只能取书或者阅读，不能嬉闹。

208寝室的男生，之所以不喜欢打扫卫生，很重要的一个原因就是在他们的意识里，寝室已有的定义是：他们容身的一个"窝"。这个"窝"即使是一个"狗窝"，都没问题，反正这里只是他们自己休息和睡觉的地方。

如果学生意识里的这个"定义"不发生改变，班主任的任何努力，都不会使学生的行为发生根本性的转变。要改变学生懒散、不打扫寝室的行为，就必须改变他们意识里的定义——这个寝室不是一个容身的"窝"，而是其他的场所。

一个学生寝室，能否有其他的定义呢？当然有，寝室除了用来睡觉和休息，还可以赋予它一些其他定义，比如文化娱乐的场所、会见客人的场所等。

问题的关键是，给它一个什么样的新定义，就能改变学生懒散的行为呢？我当时想到的方法就是，将"狗窝"这个场所重新定义为"客厅"——请校长去做客。

"狗窝"乱一点当然没关系，"客厅"就不能乱，这里要招待和会见客人。男生头脑里的意识变了，所以行动也就改变了。

而要实现"场所重新定义"这样一个转变，最关键的因素是客人的重要程度。也就是说，"客人"越重要，"客厅"的整洁程度就越重要。其实之前我也经常到这间寝室"做客"，男生们之所以一直没有把我当客人看，关键就在于我们天天摸爬滚打在一起，太熟悉了，所以学生的潜意识里，我就不是一个客人。

那一天，校长突然出现在门口。校长可是不经常来的哦！在学生的潜意识里，校长就是最重要的客人了。所以，当我们采用这种方法的时候，成功的关键之处就在于，请的客人一定要具备这样一个条件——学生认为他是值得重视的客人，必须认真对待的客人。如果没有这个条件，那改变就不会成功。

哪些人会是学生认为值得重视的人？我总结了一下，有四类：第一，平时很少接触的人；第二，学生敬重的人；第三，异性；第四，有权威、有威信的人。

而且，为了巩固学生的行为，我们不能只请一次客人，必须经常请客人去光顾，让学生慢慢地将一次偶然性行为，变成经常性行为，这样才能形成"新常态"。

男生之前不打扫卫生，是因为老师一直站在自己的规条系统里施力：你们要将寝室卫生打扫好，不能给班级扣分。老师考虑的是扣分给班级带来的负面评价，让自己在学校丢了面子。结果男生根本不管这些。后来之所以会主动打扫寝室卫生，是因为寝室里经常有客人来，为了保持男生的良好形象，他们必须让"客人"看到自己优秀的一面。请人到男生寝室做客的方法，顺应了男生的规条系统，将"寝室"重新定义为"客厅"，所以男生的改变才会那么明显。

思路点拨

如何让学生主动打扫座位卫生

问题聚焦

　　一个男生的座位下面，总是丢满了垃圾，班干部们轮番上阵，督促、劝告甚至亲自动手帮助打扫，当时会有一些效果，但只要过几节课之后再看，座位下面又是垃圾满地。

　　2013 年，我接的新班里有一个叫小虎的男生。小伙子海拔 170cm，皮肤白净，在班上属于比较帅的。由于海拔在我们班处于领先位置，因此他的座位总是在教室里的最后一排平行移动。

　　开学几天以后，我就发现他有一个毛病：卫生习惯不好，课桌抽屉里经常塞满了垃圾和零食，桌面上凌乱不堪，座位下也经常是一地垃圾。于是让班干部们出面管一管。

　　首先出马的是劳动委员——一个女生，径直走到小虎面前，义正词严提出警告："小虎同学，你看看你的座位下面，抽屉里面，课桌上面，太脏了，请及时进行清理。"

　　小虎也不对抗，马上回答："好的，等会儿我有时间了再进行清理。"

　　"不行！"劳动委员特别负责，"现在就清理，我看着你整理好了才离开。"

　　"好好，立刻清理！"面对不依不饶的女生，小虎也没有办法，只得立即动手。

但两个小时以后，劳动委员再看其座位下面，又是垃圾一地。如是反反复复好几次，劳动委员最后无计可施，只好请班长出面。

班长改变了方法，采取的是谈心的方式："小虎同学，你看看你这座位下面也实在太脏了，已经严重影响了我们班级的形象，为了班集体的荣誉，你能不能帮一个忙，把你自己的座位上上下下清理干净？"班长一边说，一边就动起了手，帮助整理课桌，还直接拿来扫把，打扫地面。

小虎看班长这架势，知道自己再不主动一点是对不住人了，于是掏空课桌抽屉，将书籍整理归类。十分钟以后，上上下下都收拾得妥妥当当。

班长喜形于色，以为从此可以高枕无忧，哪知第二天再看，座位下面早已是"涛声依旧"。

班干部们轮番上阵，一个个功败垂成，最后无奈，一齐来到办公室。

"小虎嘴巴上答应马上改，行动上死不悔改。"

"什么方法都尝试过了，什么方法都不起效。"

"刘老师，怎么办？怎么办？"

班干部们围住我，面对一个无解的方程式，脸上写满焦灼。

为了缓和气氛，我微微一笑说："你们辛苦了，交给我吧，老师自有妙计收服他！"

一听到"妙计"两个字，班长的脸上立马就有了一些喜悦，皮笑肉不笑地腆过来一个额头："刘老师，您的妙计是什么？"

我用大拇指将他的额头推了回去："天机不可泄露！"

班干部们带着疑惑出了办公室。我拿出一张纸，写下两个"？"号。

第一，小虎内在的规条系统是怎么样的？

第二，我该如何去改变他的规条系统？

在教室里，大家围绕"课桌"的问题，展开了一轮又一轮"交战"。班干部们这一方的规条系统是：教室是公共场所，所有在教室里的人，都必须遵守班级的管理制度，将课桌摆放整齐，课桌上要保持整洁，座位下面要保持干净整洁。而小虎这一方的规条系统就是：课桌和座位下面都是我的私人场所，我不想受规章制度的约束，怎么舒服我就怎么放置我的私人东西。

而要改变小虎的行为，就必须改变他内在的规条系统，就是让他意识到，这张课桌虽然是他私人管理的区域，但是也必须时刻保持干净整洁。那么，怎样才能让他认识到这个问题呢？

我有些焦虑地站起身来，将桌上的废纸揉成一团，瞄准角落里的垃圾桶，投了过去，结果由于用力过猛，废纸团直接落在了垃圾桶的后面。我不得不迈动脚步，走到垃圾桶边，将废纸团捡了起来，丢进垃圾桶。内心暗暗嘲笑自己，原本想偷一次懒，结果反而要多走几步路。当我将废纸团丢进垃圾桶的那一瞬间，突然灵光一闪，垃圾？我一拍脑袋，有了！我何不如此收服小虎？一下子，我内心兴奋了起来。

第二天，我从小虎课桌前经过，看到座位下面依然是垃圾满地。

小虎看着我的眼睛，似乎意识到我想要说什么："老师，我下课以后马上整理……"

我面无表情，从口袋里掏出早已准备好的一些垃圾，直接塞进他的课桌抽屉里，由于垃圾太多，有一些还掉落在了地上。

小虎一脸不解："老师，您这是干什么？"

我没有搭理他，径直出了教室。

第三天，我又从小虎的课桌前经过，这次口袋里的垃圾更多了，我不由分说，又一把一把塞进他的课桌抽屉里。

小虎一脸惊愕："老师，您这是干什么？"

我还是不搭理他，塞完垃圾就径直出了教室。

第四天，我这次提了一个塑料袋，里面满满的垃圾。走进教室以后，直奔小虎课桌，想一股脑儿全部塞进去，可抽屉里实在盛不下了，剩下的就都倒在他座位下面。

小虎一脸惶恐："老师，您这是干什么？"

我依然不搭理他，径直出了教室。

第五天，我提了一个垃圾桶，小虎看我走进教室，惊恐地站了起来："老师，您这是干什么？"

我微微一笑："听班干部们说，你这里有一个垃圾场，可以堆放好多垃圾，我就把办公室这几天累积的垃圾都带来了，倒在你这个垃圾场里。"

小虎连连摇头："老师，您弄错了，我这是课桌，哪里是垃圾场呀！"

我指了指课桌下面："小虎同学，你自己看看，分明就是一个垃圾场嘛！"说着，再不听小虎解释，就将满满一桶垃圾倒在了他课桌下面。

第六天，我再走进教室，小虎的课桌下面，干干净净了……

听了我改变小虎的案例，办公室的同事们都很好奇，纷纷向我打听这么做的理由。

我解释说，之前小虎的规条系统是：课桌和座位下面都是我的私人场所，怎么舒服我就怎么放置我的私人东西。对于他的这个私人领域，根据其垃圾很多的外部特征，我对它进行了重新定义，这是一个垃圾场。因此，所有的垃圾都可以放到这里来。这样一来，小虎就不愿意了，这是"我"的课桌，不是别人堆放垃圾的地方。为了改变我强加给他的这个重新定义，他就只好天天打扫卫生，整理课桌，以此表明，这里不是垃圾场，而是他学习的地方。

同事们听了我的解释，一个个都伸出大拇指："刘老师，还是你有办法。"

座位怎么会与"垃圾场"等同起来？因为它们之间有相似之处——有垃圾。当然，座位下的垃圾是比较少的，但是，老师就是根据座位下有垃圾的特征，将其强行定义为"垃圾场"，还理所当然地将办公室产生的垃圾都倾倒到这里来，而且倾倒的垃圾一次比一次多，一次一次将"垃圾场"的概念放大。小虎终究是不愿意让自己的座位被别人定义为"垃圾场"的，他的规定系统不允许别人这样定义。不允许别人这样定义，那就只有一种办法，将座位下的垃圾打扫干净，如果没有垃圾，这里就不是"垃圾场"了。于是，改变就发生了。

思路点拨

如何让学生不敢懈怠

问题聚焦 🔍

　　一个本来智商很高的学生，由于学习懈怠，成绩一退再退。所有任课老师都着急，很想帮助这个学生进步，但总是不尽如人意。

　　接了一个新班，第一次期中考试，结果让我大跌眼镜。作为班级第一名分过来的小娟，居然到了班级的第十名。

　　在初一新生进校报道的时候，学校一般都会组织一次分班考试，这次考试的目的，是为了掌握学生的学习基础，便于学校根据学生的文化成绩进行均匀分班。

　　虽然学校不会公布学生的考试成绩，但作为老班主任，我还是有经验的：学校教务处交给你的新生名单，名字排在前面的，就是成绩最好的。

　　当初，我接到的新生名单里，小娟的名字就排在第一位。没想到仅仅过了半个学期，这个小姑娘的成绩就退步得这样厉害。所有的任课老师都反应，小娟的智商很高，就是学习太懈怠。

　　我布置的数学作业，每次她都能很快完成，我看她还有时间和精力，就劝她再多做一点，但她就是不愿意，宁愿看语文书或者思品书上的小故事。

　　我说："你这么好的智力，不要浪费了，应该多做一点，把基础打得更牢固一点。"

但是她根本就没有这样的意愿："老师，作业我已经做完了，剩下的时间该休息了。"

我再看她做的作业，其实并不完整，有的地方丢了过程，有的解答格式不对，字也写得潦草，有很明显的应付迹象。

我指出她解答过程中的缺陷："你这样解答，考试的时候会丢分的，本来能得十分的题，可能因为你的马虎潦草，只能得八分或者六分。"

结果她是一脸的无所谓："老师，你说的那些我都知道，正式考试的时候我会注意的。"

我有些气恼："你平时练习的时候，不按程序不按步骤练习书写，考试的时候怎么能写出合乎要求的解题过程呢？你要知道，我们数学考试计分都是按步骤计分的。"

小娟仍是一脸的不屑："老师，你放心好了，练习嘛，我知道怎么做就行了，没必要那么呆板地将每一个步骤，每一个过程都写出来，那多费事呀！"

我道理说了很多，她就是懒得动笔。

英语老师说："小娟的口语很好，发音很标准，很多问题一点就明白，不需重复第二遍，就是单词记得不牢固。课堂上学习新单词，她凭借灵性，课堂上全记住了，但是如果要她再利用课余时间多读或者多写一遍，她坚决不干。而且只要跟她说再多花一点时间用于学习，她总是很不耐烦的样子。有时候强制她去听英语或读英语，也是心不在焉的。"

语文老师说："小娟只要家庭作业写完，不管是预习或是复习，她全都是一副事不关己的态度。她学习领悟能力虽然很强，但是由于基础知识不牢固，在正式的考试中总是拿不了高分。"

我心里想：一个这么优秀的人才，不能在我的手里浪费了。问题是，采取什么样的教育方式，才能提高她的进取心，战胜内心的懈怠呢？

我忽然想起多年前教过的两个优秀学生的事例。

当初我教他们的时候，两个人你追我赶，互相竞争。在教室里，哪怕是一分钟的分心，都会视为一种极大的浪费。

有一次新学期开学，我问其中一个学生的家长："孩子在家里学习情况怎么样？"

家长回答说："整个假期，做完假期作业以后，就很少拿书。"

我大吃一惊："怎么可能？这个学生在教室里学习的时候，争分夺秒，一分钟都不肯浪费，怎么回到家以后，居然会不拿书呢？"

家长再次肯定地说："确实不怎么拿书。"

当时，我真的是大惑不解：不可能呀！同一个学生，怎么在家里和在学校里，表现会有如此大的差异呢？是什么原因导致他一回到家里就懈怠了呢？

后来，经过反复思考我才找出了原因：学生在家里之所以不努力，主要是没有了竞争的环境，没有人跟他比学赶超，感觉不到压力，所以就懈怠了。

这说明一个学生是否会努力学习，与他周围的学习氛围密切相关。教室里的学习氛围，对于一个学生来讲，其实就是一个学习生态系统。我们都知道，自然界的每一株植物和每一个动物，生命力是否旺盛取决于它所处的生态系统，可以说，生态系统就是一个大生命，处于其中的每一个个体的生长轨迹，都是跟整个生态系统连在一起的。如果将教室里的学习氛围看成是一个小小的学习生态系统的话，那么就能很好地解释小娟为什么会在学习上如此懈怠了。

学生只有在一个积极进取的学习生态系统里头，才会自觉努力学习，身边的人都在进步，他就会有一种被人追赶的压力。而在一个消极懈怠的学习生态系统里头，没有了被人追赶的压力，学生自然就会学习懈怠。

我纵眼看自己的班级，分明就是一个消极懈怠的生态系统：一些学生做作业马马虎虎，敷衍应付；一些学生对学习成绩差习以为常，考得再差也无所谓；一些学生天天抄作业……没有一个人会自觉努力，身处这样的生态系统，即使是第一名的小娟，也被这种消极的环境给同化了，变得如此懈怠。

我忽然就想明白了，要改变目前小娟学习懈怠的状态，有效的方法就是重新营造教室里的学习生态系统。那么，怎样才能营造一个积极进取的学习生态系统呢？思考了很久，我决定采用找竞争对手的方法。

午自习的时候，我走进教室，满面春风地跟学生说："今天，老师想跟大家讲一个故事，想听吗？"

学生一听讲故事，都很兴奋："想听！"

我微微一笑："故事是这样的：有一个炼钢厂，生产效率一直很低，各个班组总是不能完成工厂下达的任务。由于产量上不去，工厂的效益也不好，工人们抱怨工资太低，车间主任则抱怨工人们工作不努力。一些有上进心的工人们说，其实我也不想生活在一个没有上进心的集体里，但是大家都没有上进心，我也没有办法。一天，公司总裁到工厂视察，他询问了当天日班工人的产量，把这个数字写在身边一块大大的黑板上，除此之外再没说一句话。当晚，夜班工人看到这个数字，当他们知道这个数字代表的意思后，决心一定要超过这个产量。果然，第二天清晨，原来的数字不见了，在黑板上的是一个新的、高得多的数字，那是夜班工人的产量。日班工人又不服气了，他们努力干了一天，又一次改写了产量。就这样，工厂的生产效率一天比一天提高，工厂的效益也一天比一天好，所有工人的工资都得到了大幅提高。现在，大家都说，生活在一个上进的集体里真好，有扬眉吐气的感觉。"

故事讲完了，我微笑着问学生："这个故事，告诉了我们什么道理？"

学生纷纷举手。有人说，人要学会竞争，竞争能提高效率；有人说，良性竞争能促进相互提高。

我说："对！记得老师读初二的时候，有一段时间也很懈怠，为了逼迫自己努力学习，我就偷偷在班里找了一个比自己学习成绩稍好些的同学作为竞争对手。每次走进教室，当看到竞争对手在认真学习的时候，我自己也不敢玩了；当看到竞争对手休息的时候，自己比他多做一道题，或者多记十分钟单词，就有一种赚到了的兴奋感觉。后来，我只用了两个月的时间，就超过了竞争对手。再后来，我就考上了师范学校，当了大家的老师。我想，如果当初我不给自己找一个竞争对手，逼迫自己去努力，今天给大家上课的老师，就不是我，而是另外一个上进的人了。"

学生们纷纷点头微笑。

我问："你们能不能像当年老师一样，给自己找一个竞争对手呢？"

学生们齐声回答："能！"

我继续鼓劲："你们能不能像那个工厂的工人一样，将自己竞争对手的分数写在纸条上，贴在你们座位的右上角呢？"

学生们又是齐声回答："能！"

于是大家开始行动，找自己的竞争对手，找竞争对手的考试成绩。

学生把纸条贴好以后，我随机采访了几位同学，要求他们大声将竞争手的名字，以及竞争对手的成绩念出来。

我特意留心了一下，发现班上有三位同学将小娟作为竞争对手，而小娟选定的竞争对手是上次考试的第十五名，比她的成绩还落后十来分的小杨。

看到小娟写的竞争对手的名字，我内心有一点气恼，人家找竞争对手都找比自己成绩好的，你倒好，找一个比自己成绩还差一点的。但我没有表露出来，相反，调侃了她一句："看样子，这场竞争，我们小娟同学是稳操胜券呀！"

其他同学都大笑，唯独小杨说："那倒不一定，谁胜谁负还很难说。"

我立即对小杨竖起大拇指："有志气！老师相信你一定会胜出。"

确立了竞争对手，比赛就正式开始了。我特别留意了小杨与小娟之间的竞争。

小杨在她的日记里写道：

今天早晨，我比小娟提前几分钟到了教室里，她进教室的时候，我已经记了十多个单词。

今天放学以后的自由活动时间，小娟一直在教室里玩，我比她多做了三十分钟的数学题。

今天的晚自习，我举手回答了老师提的三个问题，小娟一个问题都没有回答。

……

一个月以后，我决定进行一次竞争以后的检测，组织一次数学第五单元的小测验。

成绩在当天就出来了，我把每个同学的成绩在班级里逐一宣读。

读完以后让战胜了竞争对手的同学起立，然后给自己热烈鼓掌，因为自己取得了首战的胜利。然后让失败的同学起立，一起大声说：我会更加努力，下次一定战胜你！

意外的是，小娟竟然趴在座位上哭了。原来三个将她确立为竞争对手的同学，以及她自己确立为竞争对手以为稳操胜券的小杨，成绩都比她好。

我心中一阵窃喜，说明她在乎自己的成绩了。只要还在乎，就能知耻而后勇。

我走到她身边，对她说："没事，一次考不好没关系，以后还有很多机会，只要你肯努力，加上你的聪明，一定能超过他们的，老师看好你！"

小娟用力地点了点头，这节课她举手回答了两个问题，听得也特别认真。

我在心里乐呵，看来我这个寻找竞争对手的策略，还挺有用的哦。而更令人高兴的是：我积极营造的学习生态系统，正在教室里悄然形成，班级的每一个角落里都充满了良性竞争。

让小娟学习懈怠的真正原因，是整个班级都学习懈怠，教育的生态环境被破坏了，所以即使是一个智商很高的学生，到了这样的学习环境里，也会被同化和腐蚀。而让学生积极进取的第二序改变的方法，就是重塑班级的生态环境，让教室里充满竞争。学生抬眼看去，周围都是努力学习的学生，身处这样的环境里，学生内心就会产生一种担心被人甩下的紧迫感，因此就努力进行追赶，而这个追赶别人的学生，又会给身边其他人带来一种被追赶的压力，因此形成一种良性循环。当人人争先的环境被营造起来的时候，即使是一个原本不喜欢学习的学生，也会被同化和感染，这就是环境育人的道理。

思路点拨

如何让学生的手放下来

　　一个女生，因为脸上长了两粒小痘痘，被同学讥笑：你真早熟呀。从此就将左手遮挡在嘴巴前，无论如何，都不愿放下来。

　　2015 年下半年，我教数学的 1302 班，转来了一个叫小丽的女生。该班班主任第一次见到这个女生，就发现了她的异常之处：一直用左手遮挡在自己的嘴前。

　　因为是转学来的，有一些资料要填写，这个女生取笔、写字都只用她的右手。

　　班主任观察了半天，实在感觉不舒服。你想想，我们正常人将一只手搁在嘴巴前，只需半个小时，就会觉得很累。班主任看着这个女生费力地取笔、写字、提书包，终于忍不住，问这个女生："你为什么不把左手放下来？"

　　女生很腼腆，不言语。送她来的父亲解释说：夫妻俩本来都在外地打工，就把孩子接过去读书。没想到，到了当地的学校，同班同学有一次偶然发现小丽的嘴边长了两粒小痘痘，就开玩笑说："你真早熟呀，都开始长青春痘了。"

就是这一句话刺激了小丽。为了不让同学看到她脸上的小痘痘，从那以后，她就在学校里用左手遮挡嘴部。没想到，这只手一放上去，就再也放不下来了。

班主任感到很惊讶："就为两粒小痘痘的事呀，有必要整天捂着吗？"

班主任为了说服小丽把手放下来，从另一个教室里拖来一个女孩，正是她的女儿，指着自己女儿的脸对小丽说："女孩子长青春痘，很正常嘛！你看我女儿一脸的青春痘，也有同学笑她，她根本就没放在心上。"

班主任说着就去掰女孩的手，发现手很僵硬，费了好大的劲，才掰下来。班主任将小丽的双手，强行摁在裤腿的中缝线上。摁了五分钟，班主任的手刚放开，女孩的手又上去了。

办公室里其他的老师都觉得不可思议："两粒小痘痘，有必要这么费劲遮挡吗？"

但是，所有人的劝说都没有用，小丽的左手一直就在嘴边放着，读书、写字、作图、走路、吃饭、上厕所……都是如此。

任课老师们都跟她说，这是小事情，没有必要遮挡，但小丽的手就是放不下来。

如此对峙一周以后，班主任召集所有的任课老师开会，商讨怎么帮助这个女生。

我说："有一个方法或许可以让女孩放下手来，不过需要大家的配合。"

一圈人都用期待的眼神望着我，我一字一顿地说："这个方法就是视而不见。教育心理学认为：老师关注什么，什么就会生长。如果老师们一直盯着她的这只手不放，那就等于一直在强调'遮挡'这件事情，那她这只手就永远都放不下来了。我们每个人，在潜意识里都有一个规条系统，在指挥我们如何去处理当下遇到的事情。比如，我们今天坐在这里讨论帮助小丽放下手来的问题，就是内部的规条系统在起支配作用。因此，我们要解决小丽的问题，就必须分析她内在的规条系统是怎么样的。我已经观察这个女孩一个星期了，有一次我走过去看她写的作业，她马上对我说：'老师，您可不可以不看我的作业？'她在教室里不打闹，不大声说话，按时完成各科作业，遵守学校的作息时间……但只要我走近她，她的脸上就有很明显的惊恐。这个女生，是那么敏感，那么胆怯，外界任何一点的风吹草动，都让她心惊肉跳。这个女孩的手是在什么情况下放上去的？是在她转入一个新学校，遭到同班同学的嘲笑以后放上去的。她为什么要用左手遮挡嘴部？如果用心理学知识对这种行为进行解读的话，她的这只手就是她的'城墙'，她的'盔甲'，她试图用这只手阻挡外界的侵扰。这说明这个女生缺少安全感，她想保护自己。我们可以想象，在之前的学校，她的老师一定也像我们刚刚接触这个女孩一样，说了很多不解、质疑的话：不就两粒小痘痘吗？至于这样吗？但是她的手不但没有放下来，反而越来越'牢固'。什么原因？老师和同学用一种异样的眼光，质疑的口吻，给这个女孩制造了一个让她觉得没有任何安全感的外部环境。如果我们老师，包括班上的同学，再用各种理由对她说三道四、评头论足，那就是又一次给她制造了一个令她紧张不安的外部环境。而这样的外部环境，只会更加强化她的'阵地'意识，让她的'城墙'筑得越来越牢固。按照第二序改变的理论，要让这个女孩把手放下来，就必须进行'环境重置'，也就是给她营造一个新的外部环境。据她的父亲说，在家里小丽的手是放下来的。为什么在家里手会放下来呢？因为家里都是她的亲人，家里有安全感。我们从现在开始，都应该对她的这个举动视而不见，认为这就是一个正常的举动，在未取得她的完全信任之前，保持适当距离，以免惊扰了她。这样才会逐渐淡化她的'城墙'意识，当某一天她觉得自己根本不需要这一'城墙'的时候，她才会自己打开城门，敞开心扉。"

老师们都纷纷点头，依计而行。

说实话，每天看到小丽在课堂上捂着嘴，真的有一种劳累的感觉。但我一直控制着自己，若无其事地从她面前经过，不作停留。

有一天，检查数学课堂作业本的时候，意外地发现，她居然给我留言了：老师，特别喜欢上您的课，您是那么幽默，教的数学知识都很简单，最主要的是您从来不批评学生。

我有点惊喜，想了想，给她写了回复：老师不批评学生是有原因的，主要是我们班的学生一个个都很优秀，比如像你，在课堂上不吵闹，不违纪，认真完成作业，书写工整，我当然没有必要批评学生了。

这以后，我就经常给她在数学作业本上留言，用描述性评价的方法，表扬她的进步：

这次的数学作业，计算有点复杂，但你的解答完全正确，尤其是去括号、去分母的处理，干净利落，不拖泥带水，给老师的感觉就是技能娴熟，证明你之前已经进行了大量的练习。我还在相应的解题步骤处用红色的波浪线进行了标示。

今天的数学作图非常规范，作图痕迹清晰，证明你已经完全掌握了这种方法。

……

如此交流了一段时间以后，有一天，我从她面前经过，她竟然举手示意我停下来："老师，这是我今天做的作业，您帮我看看，是不是正确？"

我大喜过望，回到办公室，就跟所有任课老师推荐我的方法。

如果老师们有什么事情要跟小丽交流，最好采用在作业本上笔谈的方式，因为学生每天都要交作业，我们就在作业本上跟她交流，主要是鼓励她。当她觉得学校这个外部环境没有攻击、没有贬损、没有嘲笑，只有友善、鼓励和尊重的时候，她就会逐步放松警觉，融入集体。

后来，语文老师发现，小丽跟班上的语文课代表走得比较近，两个人经常一起上厕所，一起上食堂吃饭。

语文老师于是心生一计，要语文课代表出面，邀请小丽一起担任语文课代表。这样，语文老师借着工作接触，也逐渐走近了小丽。

很快，两个月的时间就过去了，尽管所有老师们都很努力，但小丽的手仍然没有放下来的迹象。班主任有些急躁了："刘老师，这种方法是不是不行？要不要让家长带孩子去看心理医生？"

我说："这个绝对不行，让她去看心理医生，那不等于宣告她有心理疾病吗？她那么敏感，立马就会识破我们的'教育企图'。"

后来，我又教了班主任一招：在班里选了几个跟小丽走得比较近的女生，在课余的时间邀请小丽一起去参加一些需要两只手配合的活动，比如跳绳、丢沙包、仰卧起坐、俯卧撑等等。

三个月以后的某个星期一，英语老师上完第一节课走进办公室，兴奋地喊了出来："放下来了，小丽的手今天放下来了！"

英语老师介绍说："上课的时候，我看见小丽的手习惯性地抬起来，抬到一半的时候，犹豫了一下，最终还是放下了。"

如今，小丽的手终于已经放下来了，她已经完全习惯了两只手的协作，每天走进教室，我看到她都是一脸阳光。

她的脸上又生长出来了很多小痘痘，但是我看上去，有一种青春靓丽的美。

小丽之所以会把左手放在嘴巴前，是因为她受到了外界的攻击，她内心缺乏安全感，所以用手作为"盾牌"，把自己保护起来。她周围所有的人，都说这是一件小事情，不值得如此大惊小怪，虽然没有明显的批评训斥，但是女孩的敏感，觉察到了老师眼中、语气中的"指责"，更加巩固了她内心的不安全感。所以，要让女孩觉得安全，就必须对她的这只手视而不见，让她感受不到外界的任何"攻击"。家长、学校一起重塑她的外部环境，就是要让她感觉到外界很友善、很安全。当她某一天内心觉得自己真的是很安全的时候，就会把"盾牌"给撤了，手就放下来了。

思路点拨

如何整顿班级纪律

问题聚焦

　　班级纪律差，上课乱成了一锅粥，老师在上面讲课，学生在下面"开会"。班干部不管事，形同虚设。班主任手足无措，不知道问题出在哪里。

　　有一个年轻的男班主任，刚从大学毕业。他跟我诉苦说：这个班他实在带不下去了，上课纪律乱成了一锅粥，老师在上面讲课，学生在下面"开会"。班干部不管事，形同虚设。学生的集体荣誉感差，每周都是学校常规评比扣分最多的班级，提起这个班，人人都知道是全校最乱的一个班。小伙子内心很着急，问我怎么办。

　　我走进他所带班级的教室，地上到处都是垃圾，痰渍、纸屑、灰尘，污浊不堪。教室堆放打扫工具的卫生角，成了垃圾场，当时正值夏天，学生丢弃的食品袋，引来蚊蝇无数，散发出难闻的气味。紧靠这个卫生角的两个学生，"生存环境"如此恶劣，我真不知道他们是怎么"熬"过来的。

　　课桌摆放杂乱无章，我在教室里穿梭，找不到一条完整的过道。我看到一名女生的课桌上堆满了书籍，原以为她是抽屉里放不下才堆放在课桌上，谁知打开她的抽屉，里面除了零食，就是垃圾。所有的书、作业本在桌面上堆成一座小山，要想将这张课桌移动一下都得小心翼翼，动作稍微大一点满桌的书籍就会纷纷落地。再观察学生，一个个都非常浮躁，出口就是脏言，动手就有戾气。

回到办公室，我跟这个年轻的班主任说："我已经找到你们班纪律涣散的原因了。"

小伙子一脸期待："刘老师，是什么原因？"

我说："班级卫生太差，教室太脏乱。"

小伙子脸上有些惊讶："刘老师，纪律与卫生有关吗？"

我说："卫生虽是小事，但关乎人的精神，关乎人的素养。"

在心理学上，有个现象叫作"破窗效应"，就是说，一个房子如果窗户破了，没有人去修补，隔不久，其他的窗户也会莫名其妙地被人打破；一面墙，如果出现一些涂鸦没有清洗掉，很快墙上就布满了乱七八糟、不堪入目的东西。一个很干净的地方，人会不好意思丢垃圾，但是一旦地上有垃圾出现之后，人就会毫不犹豫地跟着丢，丝毫不觉羞愧。大家都会觉得：反正已经这么脏了，再脏一点也无所谓。

教室里如果某处有几粒瓜子壳，没有人去清扫，那么不出两个小时，那个地方就会出现满地瓜子壳；教室里某个同学的座位下有一张纸片，没有人去捡拾，那么几节课后教室里就会遍地纸片；班级有一个人讲脏话，如果没有人制止，那么紧跟着就会很多人学会讲脏话……而当这些"泛滥"开来的时候，整个班级的"精神脊梁"就会坍塌，导致班风、学风萎靡，班级管理秩序混乱。

有很多年轻的班主任，向我询问整顿班级纪律的方法。我都告诉他们，请先从教室卫生整顿开始。当然，不是说教室卫生不好就一定会导致纪律不好，也不是说把教室卫生打扫好了就一定会有良好的班级纪律，只是说教室里的卫生打扫确实是一切班级建设的起点和源头。如果不从这里开始，那么你的班级建设一定会变成一句空话，成为无源之水、无本之木。这两者之间，旁人看来似乎有点"风马牛不相及"，但这确实是我多年班主任工作一个很重要的经验：一个干净整洁的教室，更有利于培养学生的文明素养和信心。

我们都有这样的体验：随意走进一间教室，如果教室地面干干净净，课桌摆放整整齐齐，心理上就会有一种舒服的感觉。你会认为管理这个班级的班主任，一定是一个爱整洁的班主任，甚至你还会在尚未谋面的情况下，确认这是一个优秀的班主任。相反，如果我们走进一间教室，看到的是满地狼藉，摆放杂乱无章，那么你会认为这个班的班主任"一定不怎么样"。

教室环境建设，主要包括教室里课桌的摆放、黑板报的利用、墙面的布置以及班级卫生管理等等，它是班级文化建设的物质外显，是任何一个班级"外人"走进这间教室就能看得见的一种文化。这种文化，我称之为班级物质文化。

那么，班主任怎样做，才能建设出积极向上的班级物质文化呢？

我的经验是两个字：训练！每接到一个新班，从第一天开始，我就会对学生进行行为训练。

学生领到新书以后，我跟学生说："大家发现没有，这些新书的封皮很滑，如果在桌面上堆积得太多，只要课桌稍微有移动，就会滑落下来。"我还请一位同学将所有的书都码放在课桌上，然后搬动课桌试试看，结果走了三步，书就滑落了一地。我说："在教室里，我们每一周都要搬动课桌扫一次地，日常的时候，同学们在座位间的过道里穿行，也经常会碰到课桌，如果书经常滑落下来，会浪费我们很多时间去捡书，有时还可能会弄脏书。为了避免这种浪费，大家说，我们该怎么办？"

学生说："尽量把书都收进课桌的抽屉。"

我说："这是一个好办法。当然，为了学习方便，我们可以把经常用的书堆放在桌面上，但是只能限于经常用的。为了便于管理，老师的建议是每个人的课桌上书的数量不能超过10本，高度不能超过15厘米。大家认为怎么样？"

学生一听，纷纷表示赞同："老师，我们同意。"

然后接下来一周的时间里，我总是在教室里寻找"遵守规矩"的人，我让他们谈心得体会，这样做有什么好处。

有学生说，这样便于自己写作业；有学生说，这样便于自己看黑板，不会遮挡视线；有学生说，这样便于搬动课桌，打扫卫生的时候不会掉书，大大提高了劳动效率，缩短了劳动时间……对个别喜欢把所有的书都堆在课桌上的学生，我并不批评，只当没看见。

由于我天天在教室里寻找"遵守规矩"的人，慢慢地，"遵守规矩"的队伍越来越庞大，而不遵守规矩的学生越来越少。一周以后，经过学生们的推举，全班选出了五位规矩监管员，每天负责监管学生的课桌。一个月以后，大家发现规矩监管员几乎已经无事可做，就撤销了四位，只留下一位监管员。

课桌堆放书籍的训练实施一周以后，我看大部分学生都有了自觉将书收进抽屉的意识，紧接着开始实施第二项训练——将课桌排列整齐。

我跟学生说："大家都在电视里看到过我们国家的阅兵，如果用一个关键词来表达你的感受，你会选择哪一个关键词？"

有学生说，排山倒海；有学生说，威武；有学生说，整齐……

整齐这个词正是我需要的，我马上拿这个词进行发挥："大家说，整齐的队伍能给人什么感受？"

有学生说，使人觉得很有力量；有学生说，能使人精神振奋；有学生说，能使人感受到一种锐不可当的精神……

看到时机渐渐成熟，我话锋一转："同学们，看看我们的教室，看看我们班的座位排列，你又能感受到什么？"

学生们左右张望，才发现教室里课桌的排列有些参差不齐，于是大家一起行动，开始进行座位微调。

我说："在微调的时候，老师有两个建议。第一，设立一个参照物，就是向谁看齐，我看就将每组的第一张课桌作为我们的参照物，大家都向第一张课桌看齐，这样微调就有了方向。第二，设定一名课桌摆放整齐化的指挥员，统一协调每个小组的课桌整齐化，我看就让每组第一张课桌的学生来当，大家说怎么样？"全班同学都说好！

在接下来训练的时间里，我依然只找课桌整齐化最好的小组进行表扬，而不是去批评那些整齐化不好的小组。

教育学有这样一个理论：如果想要学生们表现得好，就给一些荣誉让他们去维护。

我经常表扬那些"遵守规矩"的学生，课桌整齐化最好的小组，就是给这些学生一些荣誉，当他们有了这些荣誉以后，就会很自觉地去维护。

这样的训练虽然小，但每一个小训练，其实都是在朝"班级物质文化"建设这个大目标走去，我们要做的是慢慢进行量的积累，然后静等质变的发生。

年轻的班主任听了我的解释，一脸羞愧："刘老师，谢谢您的指点，我们班的教室确实太脏了，以前就有任课老师和学校领导跟我指出过这个问题，但是我从心底里一直认为这是无关紧要的事情，我的主要职责是管好班级，提高学生的学习成绩，从来没有想过卫生居然会与学生的学习状态有关。今天听了您的解释，我才恍然大悟，原来，环境与人的精神状态有关。从今天开始，我决心改变我自己，从抓教室卫生开始。"

最后，我给了小伙子两条建议：

第一，坚持不懈抓好教室卫生。

第二，坚持不懈对学生进行行为训练。

小伙子接受能力很强，说干就干，班级改变做的第一件事就是：净化教室。

全班同学一齐动手，将所有课桌都搬到教室外，把教室彻底冲洗一遍。每个学生都对自己的课桌抽屉进行整理，将所有垃圾清除干净，把书籍作业本都收进抽屉。规范课桌摆放，要求横、竖都要成线。

这样折腾了一个下午，学生再坐进教室的时候，脸上的浮躁已一扫而光。

后来，小伙子也确实很用心，按照我给他的两条建议，坚持去做。

现在，任课老师们都说：只要一走进这个班的教室，心情就特别舒畅，地面干干净净，没有灰尘，也没有任何纸屑，学生课桌上书籍整整齐齐，卫生角的劳动工具丝毫不乱，学生心情宁静、上课专心。

我一个朋友眼睛充血，医生一直当眼病治，毫无效果，后来换去看中医，医生请朋友先去化验血糖，结果 20 多 mmol/L，于是改为医治糖尿病。一天以后，眼睛充血现象就消失了。班级纪律混乱，很多老师从表面现象入手，去进行纪律整顿，费了很多力气，发现毫无效果。正跟我的那个朋友的眼病一样，表面看上去是眼病，其实真正的病因是血糖太高。班级纪律不好，只是一种表面现象，真正的原因是教室卫生太差，导致学生内心浮躁。所以，从打扫教室卫生入手，让之前那个污浊不堪的教室，变得干净整洁，学生再坐进这样的教室，内心不再浮躁，纪律自然好转。

思路点拨

如何让班级管理秩序有条不紊

带一个班级，谁都希望自己的班级各项事务能够有条不紊。难点是，自己费尽心血，学生总是不按你希望的去做，班级还是秩序混乱。

每一个班主任，都希望自己管理的班级，能够实现这样四个字的目标：有条不紊。什么是有条不紊？就是做事、说话有条有理，丝毫不乱。怎么才能让学生做到有条有理呢？关键就在于有章可循，也就是要建立健全班级管理制度。

有一段时间，我发现班上很多学生都不去食堂吃饭，改吃方便面。这本无可厚非，吃不吃饭、吃什么饭是学生的自由。电视上早就有这样的事例，一些贫困地区的孩子，从家里拿了土鸡蛋，去换商店里的方便面吃。小孩子贪图方便面的口味，他们才不管土鸡蛋是"营养食品"，方便面是"垃圾食品"这样的区分。

但是，问题来了：有个别同学喜欢将方便面带入教室来吃，吃完后将面桶连同剩下的汤汁一起丢在垃圾桶里，倒垃圾的同学一不小心将汤汁溅出，弄得教室里到处都是油污。

发现这个问题以后，我便与学生商议，应该制定一个班级方便面管理制度。

大家也都认为有这个必要，于是经过一番集体商议，出台了一条管理禁令：

在教室里禁止食用方便面之类带有汤汁的食品！

又过了一段时间，我发现教室里经常会有瓜子壳或者梅子核，这种垃圾很难清扫，打扫卫生的同学经常费了很大的力气，也不能清扫彻底，严重影响班级卫生，而且瓜子在食用的过程中就会有一部分碎屑掉落在地，食用者很难控制不掉垃圾。于是我又与学生商量，是不是再颁布一条禁令，在教室里禁止食用瓜子和梅子，学生又同意了我的建议，于是班级有了第二条禁令：

教室里禁止食用带有"壳"或"籽"的食品，如瓜子、花生、梅子等！

这两条禁令颁布以后，学生干部发现，还是有学生偷偷违反纪律，于是提议，要对违纪行为制定出相应的处罚措施。我说，那不如干脆制定一个班级零食管理制度出来。于是，经过一番商讨，我们班的零食管理制度正式出台：

班级零食管理制度

1. 在教室里禁止食用方便面之类带有汤汁的食品，每违反一次，罚打扫教室卫生一天。

2. 在教室里禁止食用带有"壳"或"籽"的食品，如瓜子、花生、梅子等，每违反一次，罚打扫教室卫生一天。

3. 在教室里食用带有果皮或包装袋的食品，食用以后必须将果皮或包装袋送入垃圾桶，不得将课桌的抽屉作为垃圾桶使用，每违反一次，罚打扫教室卫生一天。

4. 值日生每天午自习时间抽查课桌下卫生，每发现有纸屑、果皮、瓜子壳等，超过10个计量单位，罚打扫教室卫生一天。每周星期三午自习检查课桌抽屉，发现将抽屉当垃圾桶的，罚打扫教室卫生一天。

长期以来，大部分同学都习惯将生活垃圾丢在课桌抽屉里，在星期三午自习时进行检查，就等于每周一次抽屉"大扫除"了，大家觉得这样的检查还能适应，所以就这样定下来了。制度制定出来以后，全班学生举手表决，有80%以上的学生同意，于是在班级里正式实施。

由此可见，班级具体化的规章制度，不可能一蹴而就，需要逐步完善。

有一位年轻的班主任跟我交流的时候说："刘老师，您说的班级制度建设，那还不就是定几条规矩，让学生遵守？"

我说："你这样理解，那就太片面了，定规矩确实是制度建设，但是仅仅是班级制度建设的一个简单要义，即进行约束。其实，班级制度建设还有一个更深的要义，那就是实施。只有约束而没有实施的班级制度绝对是肤浅的。"

这些年，我们国家的奥组委一直有一个理想，那就是将中国武术列为奥运会项目。我现在不管这个理想能不能实现，只问大家：如果中国武术要成为一个奥运会项目，先要确定什么？先要确定这个项目的比赛规则。如果没有比赛规则，你让国际奥组委怎么去组织实施？

班级管理也是如此呀。如果没有一个组织规则，班主任怎么去组织实施班级管理活动？班级管理要实施，就必须有一些实施程序。比如：班级要组织一次辩论会，主持人怎么产生？辩手怎么产生？评委怎么评判？班主任要编排座位，编排座位的原则是什么？一定周期以后怎么换座位？班主任安排卫生打扫，人员怎么分配？时间如何规定？……这些都必须有可操作的"程序"，学生才知道怎么去操作。等到各项事务都有了具体的"程序"，班级各项事务的"实施"才会有条不紊，制度也才会确保学生在班级的行为成为自觉。

比如说我们班的换座位，主要进行两种轮换：

第一种轮换，是身高定座位。每个学期的期初和期中考试之后为换座位的时间节点，依据身高，全班重新洗牌，重新编排座位，座位一经排定，那就是半个学期不变。

第二种轮换，是时间定座位。每周的星期五下午放学前五分钟，为班级的换座位时间，最后一组的同学将课桌收拾好以后，由第一个同学领头，将座位搬起，经过讲台，出教室，在教室的后门处等待。教室里的同学则搬起自己的座位，平行移动，待到第一组的位置空出来以后，在教室外等待的学生将座位搬进来，成为新的第一组。

这样固定下来，每周都平行移动一组。这既有利于保护学生的视力，又保证了学生在座位上的公平。而且因为有这个规章制度的存在，即使我不在教室里组织，学生自己也能有条不紊地换座位。

班级的所有管理性事务，我的经验是：与学生讨论，制定出一个切实可行的操作制度来。比如说，班级组织辩论会，有辩论会的操作制度，规定由谁提出选题，由谁主持，如何选拔正反双方队员，辩论会进行时如何排座位，如何选定评委，等等。即使我不在学校里，对照这个操作流程，班上任何学生干部都能组织活动。

这就是管理上的有条不紊。

大家想，如果一个班级有很多这样的"实施程序"，班级管理是不是就自然"化繁为简"了？所以我们做班主任的，如果发现有一项事务比较复杂，离开了你就不能"转"了，那么你最好想想办法，看能不能制定一个"实施"程序，把自己解脱出来。

一个班级要实现秩序井然，制度是关键。制度到底是用来约束学生的，还是用来建设班级秩序的？这个概念的界定至关重要。将制度定义成约束学生行为的"条条框框"，这是一种"人治"思维，所有的班级管理，最终体现为对人的约束。"人治"思维的一个最大弊端是，容易形成"对人不对事"的管理局面，那些听话的学生，可能在班级里承担更多的义务，而那些不听话的学生，则会权利更多。将制度定义成管理班级事务的"实施细则"，则是"法治"思维，所有的班级管理，最终体现为对制度的遵守，这种思维的最大好处是能形成"对事不对人"的管理局面，所有学生在制度面前一律平等，班主任即使不在学校里，班级照样能正常运转。

思路点拨

如何进行班级十星的遴选

问题聚焦 🔍

　　　　班级十星是不是就只能是十个人？班级十星是不是就只有评选这一种方法？有老师说：班级十星当然只能是十个人！班级十星我就只用过评选这一种方法。

　　我带的班级，一般都会每学期进行一次班级十星的评选。

　　班级十星，具体来说，就是"学习之星""文明之星""整洁之星""创新之星""健体之星""友爱之星""进步之星""守纪之星""勤劳之星""艺术之星"。

　　之前一直采用的是评选方法，班级有较为完备的评选制度。比如学习之星的要求是：

　　1.学习态度端正，勤学习，坚持早晚读。

　　2.上课认真听讲，按时独立完成并上交作业。

　　3.坚持每天阅读半小时有益课外书籍。

　　4.坚持做好每周一篇读书笔记。

　　考评方法也很严格：

1. 自我汇报。

2. 展示成果。

3. 师生评议。

每次评选都有人数限制，即每学期只能评选十人。

有一次学期结束了，我看到一叫小丽的学生在她的 QQ 说说里写了这么一段话：一个学期结束了，看到刘老师在讲台上发奖状的时候，我多希望自己也有一张。但是，直到刘老师把手里的奖状都发完了，还是没有报我的名字。在刘老师的眼里，我大概是没有任何优点的，学习成绩一般，劳动也不积极，运动会不能为班级得分，出黑板报什么的，我也不行。看样子，我这辈子是不可能领到这样的奖状了。好悲伤！但是，老师，我真的好想在期末的时候领到一张奖状，这样我的爸爸妈妈、爷爷奶奶就都会很高兴。

看了小丽的这段话，我的内心多少有些愧疚。小丽是一个普通的孩子，在班级里成绩不上不下，上课中规中矩，劳动卫生不好不坏。总之，她就是那种"中间状态"的学生，既没有突出的业绩，也没有大的违纪。这样的学生，对照班级十星的评选标准，要评一个奖有点难度。所以我就一直忽视了她。

我问自己，教育的目的是什么？教育的目的是培养人的自信，让人生活得开心快乐。如果一个人成长的旅途中没有快乐，即使成绩再好，也都是不值得的。

我突然有一个想法，能不能在下一个学期给小丽发一张班级十星的奖状呢？但我马上又否决了自己的想法，按照目前的这种评选办法，小丽要拿到一张奖状，还是很难。

我突然想，难道就只有评选这样一种办法吗？是不是可以换一种方法？

这个"换"字在大脑里一闪过，我突然就有一些兴奋：是呀，何必那么呆板呢？评选班级十星的目的不就是激发学生的上进心吗？如果这种方法在激发一部分学生上进心的同时，也打击和损伤了另一部分学生的上进心，那就是不科学不合理的。有没有一种方法可以激发所有学生的上进心呢？

我想到了另一种操作方法，那就是申报。期初的时候，允许每一个学生都来进行班级十星的申报。老师没有必要再给学生制定一个什么标准，允许学生自定目标，期末考核的时候，如果达到了他（她）自己定的目标，班级就应该认可他（她）的努力，给他（她）颁发一张奖状。

这样一来，从理论上讲，每个学生都有可能获得班级十星的荣誉。这有什么问题呢？教育的目的，不就是希望每一个学生都成为优秀人才吗？思路由此确定。

第二个学期开学的时候，我就跟全班同学介绍了我的设想：班级十星由评选制改为申报制。学生自定申报标准，班委会期末进行考核，只要实现了自定目标的学生，统统都发给班级十星奖状。

这个制度一宣布，很多平时从没有获得过奖状的学生就兴奋起来，一个个摩拳擦掌，给自己制定申报目标。小丽尤其活跃，第二天就交来了申报书。她申报的是"整洁之星"。

本人承诺做到以下六条：

1. 不随地吐痰，不乱丢垃圾，见到地面上有垃圾随时弯腰捡起来。

2. 勤洗头发勤洗澡，勤洗衣服、鞋子和袜子。

3. 衣着干净整洁，不留长指甲。

4. 课桌内外保持干净，摆放有序，座位下无垃圾。

5. 书本、作业本叠放有序，无污渍，书写字迹端正。

6. 及时劝阻身边同学影响环境卫生的行为。

以上六条请班委会每周抽查一次，如发现有三次不合乎要求，请取消我的"整洁之星"奖状。

我拿出上一期班级下发的"班级十星"评选方案，其中"整洁之星"的评选标准是：

学生必须做到：

1. 爱护环境卫生，不随地吐痰，不乱丢杂物，见到地上纸屑能主动地捡起来。

2. 讲卫生，勤剪指甲，勤洗澡。

3. 衣着整洁，头发干净，不留长指甲。

4. 课桌内外保持干净，摆放有序，座位下无废纸等杂物。

5. 书本、作业本叠放有序，无污渍，书写字迹端正。

6. 注意环境卫生，不做有损环境卫生的事，并能劝阻一些影响环境卫生的行为。

我将这两张纸放在一起，发现文字内容基本上雷同。最大的区别是，关于卫生标准，第一份是"本人承诺做到"，第二份是"学生必须做到"。同样是做到，但这之间的区别却很大。承诺做到，这是学生主动要求上进的行为；而必须做到，这是老师强制要求学生去做的行为。学生申报班级十星并努力实现目标的过程，是自我觉醒、自我教育、自我成长的过程。

在成长的过程中，每个学生能接受到的教育有两种：第一种叫他人教育，就是老师、家长对学生进行的教育。第二种叫自我教育，是指学生通过认识自己、要求自己、调控自己和评价自己，自己教育自己。自我教育与他人教育是相辅相成的关系。没有自我教育的教育不是真正的教育。

在我们当地，老人们常用一句谚语来形容他人教育的无效性：强摁鸡窝不生蛋，强摁牛头不喝水。一只母鸡，如果它自己不愿意生蛋，你把它强行摁在鸡窝里也是不会生蛋的。一头水牛，如果它自己不愿意喝水，你把牛头强行摁在水里，它也是不会喝水的。

同样的道理，我们老师对一个学生实施教育，如果没有学生的自我觉醒和自我努力，教育是不会有效果的。老师对学生实施的所有教育，最终都是通过学生的自我教育而实现的。老师只有把提出的教育要求变成学生的自我要求，并让学生自己去付诸行动，教育目的才会真正实现。相反，没有自我教育的所谓教育，就会变成一种野蛮的灌输，甚至是一种精神的摧残，实际是一种反教育。而要让学生自我觉醒，并最终实现自我教育的目的，很重要的一点就是要让学生成为他自己。

那么，什么是自己？学生成为他自己有什么重要意义？

所谓自己，就是一个人过去所有的生命体验的总和。如果这些生命体验我们是被动参与的，或者说是别人的意志的结果，那么我们会感觉没有在做自己。相反，假若这些生命体验我们是主动参与的，是我们自己选择的结果，那么不管生命体验是快乐或忧伤，我们都会感觉是在做自己。

是不是在做自己，对于一个学生的成长来讲，极为关键。如果学生感觉不是在做自己，那么不管别人的意志看似多么合理或美好，他都会感觉很不舒服，因为这样的成长不是出于他本人的意志。

小丽自从申报"整洁之星"之后，实际上，她就是在按照自己的意愿成为她自己。这个"整洁之星"是她自己想做的，因此她就做得津津有味，做得积极主动。我每天走进教室，看到的情况是，她桌面上的书码放得非常整齐，座位下面也干干净净。尤其令人高兴的是，她不但自己认真做，还带动她周围的几个同学一起做，她们自发成立了一个争创"整洁之星"合作小组，这几个同学在一起，相互检查，相互督促，谁的课桌上、抽屉里、寝室的床铺上有不整洁的地方，这个合作小组的内部成员之间就会相互提醒，共同努力把自己生活、学习的环境打理好。

我之前评选班级十星的做法，实质上是采用行政手段的方式，培养部分优秀的学生。这种管理思维的最大弊端，就是没有让学生成为他自己。

即使是那些获得奖励的"班级十星"，其实他们的内心也是压抑的，因为他们是被动地成了"班级十星"，自己的成长意志被老师剥夺了，他们没有成为自己，而只是班主任的"自己"的延伸。而申报制，则尊重学生的个人意愿，让每一个学生在争创优秀的过程中成为自己。

学期结束的时候，我们班包括小丽在内的 43 名学生，如愿领到了一张班级十星的奖状。

有老师问："您这还是班级十星吗？已经是 43 星了。"

我说："这有什么关系呢？我们组织班级十星的评选，目的不就是激发学生的上进心吗？申报制唤醒了学生的上进意识，并自觉接受考核和监督，这就已经实现了我们的教育目标了。"

后来，一所学校的政教主任听了我讲的故事以后受到启发，将多年来学校一直在实施的"文明班级"，由评选制换成了申报制，由各班在期初进行文明班级自主申报。这样一来，从理论上讲，每个班级都是潜在的"文明班级"。

决定我们行动的是我们的思维，在"评选制"的思维里，已经假设一部分班级是不够优秀的；但是在"申报制"的思维里，假设所有班级都是优秀的。

政教主任后来跟我总结说，"评选制"让很多落后的班级丧失了信心，因为名额有限，他们知道自己无论怎么努力，都无法赶超那些优秀班级，所以就不如不努力。"申报制"则让所有班级都看到了希望，即使是最落后的班级，只要付出努力，就有可能成功。这样一来，所有班级都有了上进的动力。而这正是政教处希望看到的校园现象。

班级十星评选制，评选上了的自然是成功者，没评上的呢？就成了失败者。教育不是培养失败者，而是培养成功者。每个学生的心底里，都有一种愿望，希望自己能成功。而申报制就能满足学生的这种愿望，给他们机会，给他们希望。申报制的关键之处，就是让学生自己规定当选条件。对这一点，有很多一线老师总是不放心，怎么能让学生自己规定当选条件呢？万一他规定的条件层次很低，那岂不是白送他一个荣誉？这荣誉就不值钱了。我认为：第一，要相信自己的学生，每个人都有进取之心；第二，学生愿意申报，就说明他内心已经有了成长愿望，他就已经变成了一个有上进心的学生。

思路点拨

如何提高学生的劳动效率

问题聚焦

给一部分学生安排劳动任务，总是劳动效率不高，这部分学生之间也存在明显的互相推诿、互相扯皮的现象。怎么才能提高学生的劳动效率呢？

我们学校的教学楼前坪，是一块草地。由于土质肥沃，阳光雨露充足，植物生长得蓬蓬勃勃。鲜花旺盛，杂草更旺盛。这里每年都是学校开学工作的一项"攻坚工程"。

很不幸，这块草地就在我们班的公区里，所以一开学，我们班就是这项"攻坚工程"理所当然的"尖刀班"。我记得第一次担任这项攻坚任务的"总指挥"时，学校校长还特意在开学工作总结表彰会上，表扬我身先士卒，跟学生一道，挥汗如雨，脏活、累活自己抢着干，将杂草一扫而光，圆满完成了学校交给的任务。

当时，我在台下苦笑，能不这样干吗？学生干了不到一个小时，就都一个个叫苦连天：干不了啦！累死啦！手都起血泡啦！一双双伸过来的稚嫩的手，确实"惨不忍睹"。但任务不能不完成。得！自己干吧。没想到一不留神还得到了校长的表扬。

事后，我与劳动委员小浩一起分析原因：同是大扫除，别的班半天干完，我们班却用了两倍的时间，为什么？

小浩说："主要原因是'吃大锅饭'，学生责任不明确，'追究'无法落实，导致一部分人劳动不自觉，劳动过程中互相推诿、扯皮，有相当多的人持观望态度，站在旁边'视察工作'，真正辛勤劳动的是少数人。"

我跟小浩说："原因找到了，那么下次咱们再做这件事就得改变策略。"

又到了一个学期的开学大扫除，学校统一的劳动时间只有一个下午，考虑到草坪的除杂任务实在太繁重，所以时间上宽限了我们班一个下午。

午睡之后，就开始有班级行动了，抬水的，提扫把的，拿抹布的，挥锄头的，乱哄哄闹成一片。

同学们在教室里坐不住了，劳动委员小浩来问我："其他班级都动起来了，咱们怎么还不行动？任务这么重，会落后的。"

我说："现在室外的气温还很高，不利于劳动。咱先歇着，别着急上火，咱们有优惠政策，别的班只一个下午，咱们班有两个下午，足够完成任务的，现在大家只管抓紧时间学习。你们不是在小学学过一篇《我的爸爸李大钊》的文章吗？作者很深刻地记得父亲说过的一句话：学习的时候要认认真真学，玩的时候就痛痛快快地玩。"

第六节课的上课铃声响过以后，我走进教室说："今天剩下的两节课时间我们搞劳动。先请大家在教室里自习十分钟，我和劳动委员小浩同学把任务分一下。"

小浩在草坪前走了一次，直线长度有 108 步，我们班 61 位同学，除劳动委员小浩要负责劳动过程中质量的监管和最后的验收外，其余 60 位都可以分"一亩三分地"，估计一下，差不多每人两步。小浩跨步，每两步我用粉笔画一条线，线与线之间写一个名字。

小浩问我："小虎体力弱，也划这么多吗？"

我说："咱们划分任务也要讲究'量力而行'，小虎同学力气小，那就给他一块草比较浅的，在直线距离上还照顾他半步，以体现'人尽其才，才尽其用'的管理原则。"

女同学心比较细，就划给她们花草混杂的责任区，免得一顿乱锄，"花"也作"草"铲除了。

班长小锋，各方面能力都很强，干什么事情都肯动脑筋，一直是我的"左膀右臂"，把草坪中设计为"心"形的那一块交给他最放心，他知道怎么处理。

小东力气大，劳动能力强，杂草最深的那一块交给他"攻坚"。

小蕾娇生惯养，平日里没参加过什么劳动，让他紧靠小东，必要的时候，他可以请求小东帮助。"男女搭配，干活不累"，男生可以向女生学习细致，女生可以向男生学习顽强，顺带还可以刺激一下小男子汉们的"英雄欲望"。

名字写好以后，我拿着手表进了教室："现在劳动任务已经分好了，每人两步的直线距离。只考核两个指标：一是时间，二是质量。经小浩同学验收后即算完成，请大家带好自己的劳动工具，迅速找到自己的名字站好。"

同学们飞奔出教室，找到自己的名字站好。我拿着手表宣布："开始！"同学们个个生龙活虎，争先恐后，干劲十足。

把劳动任务分解下去以后，学生看自己的责任区，就两步的距离，也不算多，再加上责任明确，所以没有人观望、攀比、"等靠要"，每个人都埋头苦干。

一个钟头以后，小浩就开始忙碌起来，不断有人来申请验收。每验收一个，他就报一个名字，我负责记载。第七节课还没有下课，劳动任务全部完成。同学们收好劳动工具，回到教室，交流劳动心得。他们脸上一律都是红通通的，有遮不住的喜悦。

我们班主任，虽然是世界上权力最小的"主任"，但在安排学生劳动时，同样也面临着人力资源管理的问题。学校安排给班级一个劳动任务，怎么去完成？多数情况下，班主任可能就是指派一部分学生去完成。这种集体劳动的弊端在于"责任不明晰"。把张三、李四等许多人集合在一块儿劳动，最大的缺点就是劳动成果混淆，任务完成以后，分不出这是张三劳动的成果，还是李四的劳动成果。在张三、李四等人个个都生怕自己吃亏、觉得"干多干少一个样，干好干坏一个样"的情况下，就会严重影响这些人的劳动积极性。

一项工作，让一个人去干，或者两个人去干，或者三个人去干，效率是有明显区别的，往往会出现"1+1<2"的情况。

法国工程师林格曼曾做过一个"拉绳实验"。把被实验者分成一人组、二人组、三人组和八人组，要求各组用尽全力拉绳，同时用灵敏度很高的测力器分别测量拉力。结果，二人组的拉力只是单独拉绳时二人拉力综合的95%；三人组的拉力，则降到单独拉绳时三人拉力综合的85%；而八人组的拉力，则降到单独拉绳时八人拉力综合的49%。

"拉绳实验"是一种普遍的社会现象，被社会心理学家概括为"社会浪费"。这个实验结果，对于我们班主任如何在管理实践中挖掘学生的潜力，有很好的理论指导意义。

我经过无数次的观察和分析，发现要提高学生的劳动效率，班级的卫生打扫制度必须具备三个条件：

第一，知道自己的工作任务是什么。

第二，知道干得好有什么好处。

第三，知道干不好有什么坏处。

比如，打扫公区卫生历来是班级管理中一个很具体的环节，我们学校实施的是"一日三扫"制度。以前，每天都有人找我"汇报情况"：某某同学像一个邀请来的嘉宾，等到我们举行"竣工典礼"了，他才象征性地挥了几下扫帚；某某同学有西方男士的绅士风度，专门做"女士优先"式的礼让；某某同学今天做足了"君子"（动口），绝不做"小人"（动手）……

如此等等，让我烦不胜烦。

其实我们班是有劳动卫生制度的，但是不管用。在劳动任务安排表中，打扫公区卫生的是五名同学，为了便于管理，每天还安排了一个小组长。这五名同学之中只要有一个同学不出力，其他同学就会失去心理平衡，本来是五个人的事，凭什么你就偷懒，我就"辛辛苦苦任劳任怨"？这就是心理学上的"从众效应"。到老师追究责任的时候，这五个人又会互相推诿、扯皮、纠缠不清。

我反思自己制定的这个班级管理制度，发现有三个弊端：

第一，学生不知道自己的工作任务是什么。五个人一起去打扫卫生，这就是一个集体劳动，个人没有清晰的任务。

第二，干得好没有什么好处。打扫公区卫生的学生中，有认真负责的同学，他干了很多，结果老师看他干得好，就又将其他同学没干的任务指派给他，这样这个同学心里就有想法了——老师尽欺负"老实人"，看我干得好就不断给我派任务，那我还不如跟别人一样偷懒。所以，老师要对那些干得好的学生进行奖励，比如可以提早休息，可以获得某种特权，等等。那种给干得好的学生继续增加劳动任务的方法，除了打消干得好的学生的劳动积极性以外，对班级管理没有任何积极意义。

第三，干不好没有什么坏处。卫生打扫制度规定五个人打扫，这是一个笼统的任务，每个人的权责界定并不清晰。我在打扫的过程中偷一点懒，老师也追究不了责任，张三还是李四？说不清楚。

认识到管理制度的不足以后，我修改了公区打扫制度。

我跟学生说："我们班每天是五个同学打扫公区卫生，老师现在已经将咱们班的公区划分为五个板块了，以后，每个人一个板块。"

有人问："老师，您的分配是否公平、公正、公开呢？要是您分配不公，谁扫哪一板块，我们抓阄吗？"

我说："分配是不公平的，而且我们也用不着抓阄。第一版块最小，然后依次递增，第五板块最大。"

学生们皆一头雾水："老师，谁来扫第五块呀？"

我微微一笑："咱们是文明社会的高素质公民，任何事情都必须讲究公共秩序，因此最早来的同学就享有了优先选择权，之后来的同学有有限选择权，最后来的同学呢？当然就没有了选择权。那个来得最早的人，一看自己的任务这么少，他就会想，还是早一点好呀，下次更早一点，说不定还能捡着从天上掉下来的馅饼呢。而最后来的那个同学，咱们是不是应该给他准备一点下次争取早点来的动力呢？"

同学们都大笑。

以后就很少有人来找我"汇报情况"了，因为每一个同学都知道根据自己到岗的时间来确定自己的工作任务。对那些在打扫过程中偷懒的人，严格对照制度处罚几次，之后学生就会自觉遵守纪律，因为他们知道自己无处可逃。

没有明确分工的集体劳动的弊端，就是责任不清晰，谁没有出力，找不到具体的人，事后也无法进行责任追究。本质上这是一种"人治"思维，只安排人去做这件事情，但不进行职责界定，那些"老实"做事的人往往会吃亏，最后老师不得不又将未完成的劳动任务继续分派到这些人的头上，实际上他们已经很出力了。改变这种局面的方法，就是确立"法治"思维，对劳动任务进行明确分工，并建立相应的追究机制，学生不认真履责，没有完成自己的劳动任务，即使老师和班干部不在现场，他也无法逃避。学生如果知道自己无法逃避，他就不会逃避了。这就是制度管理的力量。

思路点拨

如何改变自我中心的女孩

问题聚焦 🔍

学生居然在背后痛骂自己的班主任，真是岂有此理！这样的学生，不进行严厉管教行吗？问题是，你越是严厉对她进行管教，她在背后骂得越凶，因为这种学生"自我中心"，她的眼里只有自己，没有别人。

小敏在班级里几乎没有什么朋友，她经常跟同学闹别扭，一些鸡毛蒜皮的小事，只要是损害了她的利益，她都会无限放大，斤斤计较。比如小斌从她的座位前经过，不小心把她的一本书弄到了地上，她跑过去，把小斌的一桌子书都丢到地上。跟女同学玩跳皮筋的游戏，如果输了，就会大发脾气，弄得别人都不喜欢跟她玩。

教语文的蔡老师告诉我："刘老师，小敏这学生，您以后少搭理她。"

原来，蔡老师在自习课上缴获了一张纸条，是小敏写的，有几句话有点刺目：刘××（一个专门为我设计的侮辱性称呼）真不是人，简直是一个畜生！我恨死他了！这个班级我一天都不想待了，下个学期我必须转学！打死我也不在这里读了！

我把小敏叫进办公室，把纸条摊开："这是怎么回事？"

小敏一看，眼泪就扑簌扑簌地下来了。半晌，才说出缘由："那天上数学课，是几何说理，我听不懂，就思想开了小差，回头与小珺讲起话来，您当众批评了我，还说我怎么分不清课内和课外、专业和非专业，学生的专业是学习听课，跟小珺讲话交流感情是非专业。我当时气晕了，所以一直记恨着您。那天自习课，小珺找我笔谈，我就写了这些东西。"

小敏出去以后，我反复问自己，这到底是我的原因还是小敏的原因？我在课堂上应不应该批评小敏？很明显，小敏是违纪了，违纪了当然要进行批评。但我一批评就引起了她的愤怒，而且还不是一般的愤怒，是"咬牙切齿"式的恨。同时批评的还有小珺，但小珺没有这种恨，说明小敏的内心很敏感。

值日班长秀秀告诉我，小敏这人简直不可理喻。这一周是秀秀所在服务团队值日，没想到，秀秀和小敏这两个女生掀起了一场内战。

值日团队每天登记的违纪名单上，都有小敏的名字，而每次对小敏进行处罚，小敏都有话要说，500字的说明书，其实就是一句话：她们针对我！整整抄了100遍。

我问小敏："你为什么说值日团队针对你？"

小敏怒气未消："刘老师，您看看，她们每天都登记我违纪，这不是针对我是什么？自习课说话，在教室里乱丢垃圾的又不只有我一个，那么多人都讲了话，那么多人都丢了垃圾，怎么就单单登记我违纪？我跟她们关系不好，所以她们就专门针对我。"

"我跟她们关系不好，所以她们就专门针对我。"小敏的这句话说出了两个女生矛盾产生的根源。小敏跟秀秀的关系不好，所有她凭直觉以为这是秀秀报复她。

我继续不愠不火地问："你跟她们为什么关系不好？"

"在班上，男同学不搭理我，很多女生也不搭理我，她们都讨厌我。我不会做的数学题，请教那些学习成绩好的，都爱理不理的，不愿帮助我，好像我是她们的累赘似的。"

我有些窝火："这是什么逻辑？为什么她们就不愿意帮助你呢？为什么她们就必须帮助你呢？"

小敏据理力争："我学习有困难，所以她们要帮助我嘛。"

对这样的理由，我真是哭笑不得。

我决定去小敏家里看看，但只有奶奶在家。老人家见我到来，有如遇救星的味道，拉着我的手，好像有很多话要说。

"老师，您一定帮我教育教育小敏，这孩子，越来越不像话了。"

我很惊讶："怎么不像话了？"

"在她面前，我都不敢说话了，一说话就遭到她的训斥。"老人家越说越伤心，眼眶里都有些湿润了，"小敏每天放学回家，就守着电视机，说她两句，没想到她比你嗓门还大。上周星期天，她说要买一个什么听音乐的机器，两个手指大的东西，200多元，她爸爸不同意，觉得太贵了，对学习也没有什么用处。可她就是不听，完全不听大人们的劝告，最后只好依了她。平时她爱吃的、爱玩的，我们都只能依着她，不然她就生气，在家里摔门。教育她总也不听，还经常大声呵斥我。您看，我都一大把年纪了，还得每天听她的训斥。"

我很震惊，没想到小敏在家里竟然是这样。我问："她的爸爸妈妈呢，干什么去了？"

"爸爸在煤矿上班，妈妈在煤矿的食堂里做事，每天都要很晚才回家，没有时间管她，小敏与父母见面都到了睡觉的时候。这几年一直是我在管她。"

老人还说：在小学的时候，小敏的成绩很好，每天放学回家就做作业，也不出去玩，经常是班级的一二名。没想到，自从进入初中以后，就大变样了，每天放学回家就看电视，连书本都懒得拿了。而且，小敏还非常胆怯，每天晚上必须跟她妈妈睡。妈妈在食堂工作，经常要很晚才回家，如果妈妈不回家，她就不敢睡觉。

我问老人："小敏还有兄弟或姐妹吗？"

"没有，小敏是独生女。"

我忽然想明白了，原来，小敏一切问题的根源都在她的心理——自我中心。

从小她很少出门，没有和其他孩子一起玩耍、合作或者交流。除了学校生活外，很少参与群体性的学习、交流、沟通、协作，因此，便逐渐不懂得与其他人的相处之道。以自我为中心的人，主要有三个方面的表现：

第一，不关心别人，与他人关系疏远。这种人时时事事都从自己的利益出发，不顾别人，有事则登三宝殿，而不求于人时，则对人没有丝毫热情，似乎人人都是为他服务的。实际上，人类的交往是互惠的——"人人为我，我为人人"。

第二，固执己见，唯我独尊。这种人在人群中总是以自己的态度为主导，别人都应该与自己的态度一样，而且这种人在明知别人正确时，也不愿意改变自己的态度或接受别人的态度，因而难以从态度、价值观的层次上与别人进行交往，交往能力很低。

第三，自尊心过强，过度防卫，有明显的嫉妒心。这种人有很强的自尊心，不愿损伤自己的自尊，强烈地维护着自己，因此他们不希望或不愿意别人在自己之上，对别人的成绩、成功非常妒忌，对别人的失败幸灾乐祸，不向别人提供任何有益的信息。

我坐在办公桌前发呆，该怎么转化这个小女孩呢？老师和同学都觉得小敏不好相处，对她避而远之。突然，大脑里灵光一现，我有了方法。立马将班干部们叫进办公室，布置任务。

我说："小敏这学生……"

"我不愿意搭理她！"我刚说了个开头，听到小敏这两个字，秀秀就打断了我话头，表明了自己的态度。

我微微一笑："我们不仅要搭理她，而且还要都去想办法'麻烦'她。"

"麻烦她？"班干部们都不解，"为什么要麻烦她？"

我盯着班干部们的眼睛，说："秀秀，你这周是不是要主持出班级的黑板报？她的字写得好，你可以请她帮你写字呀。阳阳，你这周是不是要组织卫生大扫除？你可以请她帮忙怎么分配劳动任务呀，或者请她写一个劳动任务分配的草稿出来。小翔，你这周不是要写数学测验报告分析嘛，你可以请她帮你处理数据呀……记住，我们请小敏做这些事情的时候，一定要坚持这样三个原则：第一，在她力所能及的范围之内；第二，不能耽误她太多的时间；第三，态度一定要真诚。当然，这些都还不是问题的关键……"我故意卖了一个关子，一句话说了一半就停住了。

班干部们一脸迷茫，迫不及待地追问："问题的关键是什么？"

我故作神秘地将手放在嘴前，嘘了一声，然后压低声音说："问题的关键是事后还要真诚地向她道谢。"

所有人都不解，瞪大眼睛望着我："为什么？"

我解释说："大家都觉得小敏不好打交道，是吧？"

"是的，是的！"

我解释说："其实，小敏自己也希望与所有人处好关系，但是，由于她在成长的过程中，一直没有人教过她怎么做，所以她的人际关系才这么糟糕。现在，我们一起来教她怎么改善自己的人际关系。互惠互利是人际交往一个很重要的原则，希望别人尊重自己，那么就要先尊重别人，希望别人帮助自己，那么就要先学会帮助别人。我们接下来要做的事情，就是请小敏帮助我们，让她体验到帮助别人的快乐，并在这个过程中，学会尊重、关心、体谅他人，这样她才会逐步融入我们这个集体，逐步抖落一身的刺。"

最后，我跟班干部们总结说："我们这一次转化小敏的策略，就叫作：我可以请你帮一个忙吗？"

班干部们呵呵大笑，对我的策略心领神会，立即分头行动。当然，我自己也没闲着，走进教室，把小敏叫了出来，劈头就问："小敏同学，我可以请你帮一个忙吗？"

小敏一愣，有些怯怯地问："老师，什么忙呀？"

"现在，老师有一项紧急任务，就是这一叠表册，明天就要上交了，老师现在没有时间来做这一项工作，你的字写得好，尤其是那种行楷的风格，有成年人的笔锋，足以以假乱真，你能帮老师这个忙吗？"

小敏一听，立刻眉开眼笑："老师，这个忙可以帮。"

第二天我走进办公室，所有的表册已经填好放在我的办公桌上了。

当天的作业本上，我给小敏留言："你帮老师做了那么多事，老师很感谢你哦！"

小敏回答说："老师，帮你做一点小事，我很乐意的，您就别谢了。"

我说："这还是小事呀！你知道吗，你填的表册质量很高，政教处还表扬老师工作出色呢。"

第二天再看小敏，那脸色就不同了，有一种抑制不住的兴奋。

以后，小敏就几乎成了我的文字秘书，每隔一两天，总有一些文字任务要她来完成，时间上，我每次都控制在15分钟左右，并且一再要求她，不要占用正常的学习时间，只能利用时间空隙，如放学后到晚餐之间有40分钟的自由活动时间，下课也可以忙里偷闲写5分钟，只要肯挤，时间就像海绵里的水，总可以挤出些来。

每次我都真诚地道谢。好几次，小敏都说："老师，您就别说谢谢了。"

我就跟她打趣："辛苦了你，总要谢一下吧。如果不谢，说不定下次你就闹罢工了。"

小敏说："老师，您放心，绝对不会闹罢工，以后不管什么任务，您都交给我好了，保证不耽误您的事。"

班干部们也开始陆续找小敏"帮忙"，或者写写字，或者整理整理数据，或者策划一个方案……

小敏的脸上，经常是"春色满园关不住"了，下课一看见我，就很亲热地贴上来，跟我交谈，说一些生活趣事。同班同学也不再讨厌她，大家发现，小敏其实是一个喜欢帮助别人的人。

"自我中心"的女生，她的内心只有一个"中心"，那就是她自己，她认为别人为她所做的一切，都是理所应当的，你只要稍微不如她的意，她就会对你恨得"咬牙切齿"。顺应她的这个规条系统，就是要在她的内心建立多个"中心"，请她帮一个忙的方法，就是将"别人"这个概念植入她的内心，并让她体验帮助别人获得的快乐。当她的内心有了"别人"的概念，就意味着她的内心有了多个"中心"，她的心扉渐渐打开，不再只有自我这个"中心"。

思路点拨

第四章
施力方向重置：让管理变得更高效

所有的教育改变，都有一个看不见的施力点和施力方向，其中，施力方向决定施力点的位置在哪里。之所以说"看不见"，是因为育人过程润物无声，悄然发生。但是，对学生进行改变的老师，心中一定有一个施力点和施力方向。这个点和方向在哪里？在老师的行动里，在老师的头脑中。

比如，一个班级很乱，每天都有层出不穷的问题，学生打架，不做作业，上课迟到……这个时候，大多数班主任会去解决问题。结果发现，这个班三年带下来，班主任天天都在解决问题，弄得精疲力竭不说，班级也没有任何成绩。这种"救火队长"式的班主任的施力点和施力方向，就是解决问题。

另一个班主任，同样接了一个很乱的班，班级同样也是天天产生问题，但他将一些不紧迫的问题暂时搁置起来，将自己的主要精力放在班级建设上。比如，组织学生进行教室环境建设，组织文明寝室评比，组建班级篮球队、女子羽毛球队，组织学生外出参加一些社会实践活动，等等。慢慢地，大家发现这个班级越来越上进，纪律也越来越好，之前一些让任课老师非常头疼的"症状"竟然自动"痊愈"了。这个班主任的施力方向，就是积极进行班级建设。

当我们往一个方向进行教育的时候，若发现自己越作为，学生的抵触越大，那就说明施力方向错了，必须对施力方向进行重新框定，换一个方向再进行施力。

如何让书写马虎的学生把作业写工整

问题聚焦 🔍

　　一个男生书写马虎，所有的老师都批评他书写马虎，批评了很多次，批评了很多年，他还是那样马虎，没有一点改变。

　　小旺是二班的学生，体格健壮，虽只有十三四岁，体重却与我有的一拼。

　　小旺的毛病有很多，作业做得马虎潦草，字写得东倒西歪，数学成绩更是惨不忍睹。如果做选择题的时候运气好，可以得二三十分，如果运气差，个位数都不是没有可能。

　　但是这小子有一个优点，就是脸比砖头厚，尽管不知道怎么解题，却敢于举手。我刚接这个班的时候，课堂气氛沉闷，没有人敢举手上黑板解题，唯独小旺敢举手。于是点了他的名，结果上来板书以后，错误百出。很多人都等着看笑话。

　　我微微一笑，说："小旺的这次板书，至少有两个优点。第一，写了原式等于，说明我教他的东西都学会了，至于计算过程，那是之前学的，能把我今天教他的东西都学会了，说明他接受能力强。第二，他很勇敢，班上其他同学都不敢举手，但是他敢！"

于是，小旺开始在我的数学课堂上频繁举手。每次我都找一个或者两个优点表扬他，缺点则忽略过去。每次在黑板上写完题目下台的时候，小旺都像一个得胜的将军一样，自信满满。

小旺的作业实在不敢恭维，写得乱七八糟。我有在数学课堂作业本上给学生写点评的习惯。一次，小旺的作业写得实在太马虎了，于是，我随手就在作业的下面，用红笔写了这么一句话：你的字写得太马虎了，能不能慢一点写，写工整一点？写完这句话以后，我就将作业本合上，放到已经批改好的那一堆作业本里。又看完三个学生的课堂作业本，不知怎么回事，我的心里还惦记着小旺的这次作业，惦记着我给他写的那句评语。

突然想到一个问题：不对，给小旺的评语不能这么写！

我马上找到小旺的作业本，重新打开，看到那句用红笔写的点评：你的字写得太马虎了，能不能慢一点写，写工整一点？我在心里狠狠地骂自己：刘令军，你这样给学生写评语，你不是给他雪上添霜吗？

小旺的英语、语文、物理、历史老师都跟我在同一间办公室，我突然担忧一个问题，是不是所有的老师都像我这样，在指责小旺的书写？如果都这样指责的话，那问题就比较严重了。

我迅速找到小旺的其他学科作业，果不其然，英语老师在作业本上写的评语是：太马虎了！语文老师写的是：你可以把字写好一点吗？物理老师写的是：书写太马虎，请书写工整一点！历史老师写的是：写得太马虎了，看不清你写的是什么内容！所有老师都在写自己看到的事实。

我突然意识到，我们所有的老师都在朝一个错误的方向施力，这种施力不但不能促使小旺把字写工整，相反是在对他"书写马虎"这个缺点进行确认和强化。

英语老师说：太马虎了！小旺看了以后，心里想：老师认为我书写马虎。接着，语文老师说：你可以把字写好一点吗？小旺在心里又确认了一遍：哦，我书写马虎！紧接着，物理老师说：书写太马虎，请书写工整一点！小旺的心里又确认了一遍：我书写马虎！还有历史老师也在说：写得太马虎了，看不清你写的是什么内容！小旺在心里就一遍又一遍地确认：我是一个书写马虎的学生！

这样，等到小旺提笔做作业的时候，在他的大脑里就有了这样一种潜意识：我是写不好作业的，我书写马虎。所以，这么多年过去了，小旺的书写一直没有任何进步。

想明白这一点以后，我迅速跑进教室，跟一个学生借了涂改液，将原先写的那一句点评用涂改液涂掉，然后工工整整写下新的评语：小旺，不好意思，老师给你写评语的时候，写得太急了，字写得有点马虎，我担心你看不清我写的什么字，所以涂掉重写。你这次作业，使用了铅笔和作图工具，做得很好，希望你继续努力！

第二天，我又给小旺写评语：书写有进步，老师能分清楚你写的数字 6 和字母 b 了。

第三天，我继续写：书写有了明显的进步。

办公室坐我旁边的贺老师问："刘老师，小旺的作业没有什么进步呀，您为什么天天给他写进步了？"

我知道要改变小旺，必须争取所有任课老师一起来努力。因此，我就坐下来，跟同事们解释我这样做的原理。

我首先问贺老师："您知道小旺为什么一直不能书写工整吗？"

贺老师说："习惯的问题呗！从小学开始，他可能一直就是这么写过来的。"

我说："对！那么，您再想一想，小旺是不是主观上就不愿意把作业写好？"

贺老师想了想："那应该不是，他内心里应该还是知道把作业写好，就能得到老师和家长的表扬的，他主观上应该是想把作业写好的。"

我说："这就对了！他内心里想把作业写工整，但是，为什么这么多年一直都没有长进呢？按照我们的理解，如果你真的想把作业写工整，主观上去进行努力，至少每天都会有一点进步的。但是，小旺一直以来都没有任何进步，这是什么原因呢？老师们想过吗？"

所有的同事都摇头。

贺老师问："刘老师，您说说看，是什么原因？"

我微微一笑说："最关键的问题在于他大脑里的潜意识，他自己都已经认为，他就是一个书写马虎的人，不可能有什么改变。"

贺老师问："潜意识有这么强大的作用？我也听说过'潜意识'这个名词，但是没有很好地理解过。刘老师，您给我解读解读吧。"

我说："在我们每个人的大脑里，都有两个指挥中心，一个是显意识，一个是潜意识。显意识指挥人的有意识行为，潜意识指挥人的无意识行为。比如：你要眨眼，马上就可以眨眼；你要看书，马上就可以看书；你要写字，马上就可以写字。这些属于有意识行为，是显意识指挥的。但是，如果我站在这里，给您下一道命令：起一身鸡皮疙瘩！您是否会真的起一身鸡皮疙瘩？肯定不会。因为这不是显意识管理的范畴。但是，如果在寒冷的冬天里，您走出这间办公室，走廊里一阵寒风吹来，您马上就会本能地起一身鸡皮疙瘩。这个鸡皮疙瘩，就是您身体的毛孔遇冷骤然收缩，防止体内热量散发的结果，这种现象是潜意识指挥的。我们人所有本能的自动化行为，都是由大脑的潜意识指挥的。又如：一位父亲原先的教育方法是，看见孩子一有错，张口就骂，抬手就打。后来一次偶然的机会，听了一堂亲子教育课，他知道这样做不对，于是下决心改正。不久孩子又一次犯错，他还是照打不误。问他为什么还要打人，他说'身不由己'。这个'身不由己'就是潜意识指挥的结果。'身不由己'是习惯性的，因为习惯性行为主要由潜意识指挥。再如，一个学习成绩不好的学生，潜意识认为'我不是学习的料'，一贯表现是对学习消极应付。但是，某一次偶然的机会，得到了老师的肯定和鼓励，于是内心激动，产生了'我也要好好学习'的想法。于是，便坐在书桌前，拿起一本书来看。但是，潜意识中'我不是学习的料'的消极观念采取不予配合的态度，于是手中虽拿着书，眼睛也好像在看书，大脑里的思维却不知不觉地溜号了。这个时候，他大脑里出现的是一些打电子游戏的画面，或者动画片中大战恐龙的画面……潜意识的指挥使他即使在书桌前坐下了，也是心不在焉。这个学生的潜意识不改变，他的学习成绩就很难提高上去。

"具体到小旺的案例，如果我们要改变他书写马虎的习惯，让他把字写工整，一个能够见效的办法，就是往小旺的大脑里不间断地、大量地输入'我能写好字'的积极信息：我今天的书写有进步了，我可以把字写好的，我一定能写出优秀作业来的！经过反复的、长期的训练，当他的大脑里有了'我也能写出工整作业'的潜意识以后，他才会在写作业的时候，专注于书写，写出工整的作业来。但是，这种积极潜意识的建立，不是短时间内就能建立起来的。因此，这一件事情，需要我们所有的任课老师一起来做，从今天开始，大家都不要再在小旺的作业本上写'书写马虎'的评语了，而应该改写'今天你进步了'的评语。"

贺老师听了我的解释，恍然大悟："刘老师，我知道了，之前我们天天给小旺写'书写太马虎了'的评语，尽管主观上我们是希望小旺进步，将作业写工整，实际上是起了相反的作用，反而强化了他的潜意识形成。"

我说："对！小旺这个学生，本来他的书写没有任何进步，但是我们每天都说他有了进步。刚开始，小旺听了可能会有点莫名其妙。但不要管他，我们继续这样写，不光写，还要在全班同学的面前经常说，硬说他的书写有了进步。这样时间久了，小旺的潜意识里慢慢就会萌发出一个小小的信念：是的，我真有这种优点。在以后的行动中，也会微妙地表现出来。这时，你不要高兴得太早，而要继续确认，就像培育幼苗一样，精心培土浇水施肥。时间一长，你就会发现，小旺表现得真的越来越像我们期望的那样，每天的书写都会有一点进步。"

贺老师说："太好了！刘老师，从今天开始，我们就按照您的方法去做。"

从那以后，小旺的所有任课老师，都采用了我的方法，只要发现他有丁点儿进步，都一一找出来，进行表扬。

英语作业依然写得很马虎，但老师在作业本上给他写了一个大大的good，或者 very good。语文老师说：小旺同学，你这一次作业写的"春天""世界""努力"这六个字很工整，很规范。物理老师说：小旺，你这次作业，写了公式和单位，所有的符号都书写规范。还有历史老师、数学老师都在说：书写有进步，请继续努力！

在所有任课老师的努力下，几个月以后，大家惊奇地发现，小旺的书写真的有了很大的进步，越来越工整了。

老师关注什么，什么就会生长。这是一条经过无数教育专家、心理学家验证过的教育规律。很多一线老师根本意识不到这个规律的存在，他们的育人工作都是下意识的，没有专业的教育理论指导，只要看到学生有缺点，就会理所当然地进行批评教育。他们坚定地认为：指出学生的缺点是老师应尽的职责，如果一个老师看见学生的缺点不指出来，那还要你这个老师干什么呢？但是从育人的角度来讲，这种做法不但不能改正学生的缺点，反而会强化学生的这个缺点。你希望学生不马虎，就不能关注他的马虎；你希望学生进步，就应该关注他的进步。这样，学生才会真的一天比一天进步。

思路点拨

如何转化总是跟老师对着干的学生

问题聚焦

一个学生，老是跟老师对着干，你说往东，他就往西，你上课，他故意弄出声响来干扰你，多次苦口婆心进行教育，但是没有任何改变。

小可是新转过来的一名问题学生。据说，在附近的兄弟学校，他是一名让任课老师"呕心沥血"式的人物。说实话，接不接收他，我当时还是经过了好一番"思想斗争"的。我辗转找到前任班主任李老师的电话，询问小可上一学期的情况。

李老师说起自己曾经的这个学生，语气里依然有一些恼怒："这个学生可以说是我遇到的最难管的学生了，他曾在一个学期里，累计五次晚上熄灯后爬围墙出去上网，无数次与老师顶撞，无数次破坏课堂纪律，无数次不做作业。总之，这个学生的好多违纪都可以用'无数次'来表示数量。"

说实话，我对李老师这样数落自己曾经的学生比较反感，心里隐隐觉得这个班主任在面对学生错误的时候，过于严苛，过于强势。但为了掌握更多的情况，我还是耐下性子询问："李老师，你跟小可交往了这么久，觉得小可这个学生最大的缺点是什么？"

李老师说："最大的缺点就是喜欢跟老师对着干！"

我问："你能举几个具体的例子吗？"

李老师停顿了一下："例子太多了！比如说，有一次我在上英语课，是一堂单元检测试卷分析课，他在课桌上故意摆放一本语文书。我提醒了几次，他都不理睬，一直低着头继续津津有味地看语文书，一边看书还一边做语文作业。我实在气不过，收了他的语文书，结果，你猜他怎么着，竟然又拿出政治书来继续看，引得全班同学哄堂大笑。为了不影响正常的上课秩序，我只好继续上课，不理睬他了。"

我问："是什么原因诱发他这么做呢？"

我这么一问，李老师声音就有些激动了："原因很简单，发试卷前，他跟我要求，不要在班上当众宣布考试分数，我没理他。你学习不努力考得不好，难道连分数都不可以当众公布吗？没想到，公布考试成绩以后，他上课就这样跟我对抗。"

哦！这个原因呀！从李老师的这种叙述中，我越发觉得这个李老师在学生面前太"强势"了。遇到问题，先指责学生顽劣，然后在我的追问下才说出原因。说明她的心里有一种强烈的"战斗"意识，时时想着怎么去战胜自己的学生。在每一个问题上，都想证明一点：我是对的，你做错了！你必须承认错误并且道歉。要是我，遇到这样的问题，一定不会对学生的请求置之不理。

虽然老师的动机是借公布成绩来激发学生的进取心，但是我们每个老师在考虑问题的时候，不能只考虑自己，还要考虑一下学生的感受和接受能力。一切教育的目的，都不是为了战胜学生，更不是打击学生的信心。

为了更全面地了解小可，我继续不愠不火地发问："还有其他跟老师对着干的例子吗？"

"还有很多。有一次，我看到小可将方便面端到教室里来吃，我叫他到外面去吃，没想到却惹怒了他，他竟然理直气壮地说：'我就是在教室里吃，你能把我怎么样？'有一次我想把一节信息课改成英语课，没想到遭到他的抵制：'我们一周就一节好玩的信息课，你凭什么霸占了上英语课？我们都不愿意上英语课，要上信息课。'我当时就火了：'你以为我愿意给你们上课呀！我还不是看临近期末考试了，好心好意加一点班，给你们补一点课吗？

要知道，你如果到外面的补习学校去上这样一节课，要收你很多钱的呢。我现在一分钱都不收，无偿给你们补课，你还不乐意，你说你这是什么学习态度？'结果，信息课时间，我走进教室一看，教室里空了五个座位，班长告诉我，小可带着四名学生上信息课去了！"

事情虽然已经过去了几个月，但李老师内心的恼怒，仍然隔着话筒传了过来。

我"哦"了一声，忽然想到另一个问题："李老师，你之前在转化小可时，用过一些什么方法？"

"所有能用的方法都用尽了！"对这个问题，李老师的语气异常干脆。

我有点好奇："具体用过那些方法？"

"用过处罚的方法，比如说罚扫地，罚跑步，罚写说明书，罚上下蹲……用过说服教育的方法，跟他讲，班级是一个集体，每个人都必须遵守集体的纪律，不能自由散漫，胡作非为……用过威胁的方法，如果屡教不改，那么毕业前夕的综合素质测定，只能定为最低等，以后不能参军，不能考大学……还用过请家长的方法，把父母请来，历数其在学校的各种违纪行为，家长一怒之下，还动手狠狠教训了一顿……什么方法都使用过了，就是没有任何转变。"

李老师说的"所有能用的方法都用尽了"，我是不认同的。从她描述的这些方法来看，其实她只使用了一种方法——"示强"。在这种"示强"思想指导下，师生之间的对抗只会越来越严重，老师想用这种思想去转化一个学生，那基本上是天方夜谭。

说实话，听了李老师的介绍以后，我反而对转化这个学生有了信心，李老师说所有的方法都用尽了，其实，她还有一种很重要的方法没有用，那就是向学生"示弱"。

我经过了解，得知小可由于长期上网，打字速度相当快。我想，这或许就是我转化这个学生的一个最有效的突破口。

他第一次做数学课堂作业，我尝试着在作业的末尾写了一句："老师现在手头有一项工作必须马上完成，就是要将班级所有学生的信息输机，但我打字速度很慢，听说你打字速度很快，明天中午午休的时候，你能不能到办公室来帮老师完成这个任务？"

第二天中午，小可如约来到了我的办公室。

当天的作业本上，我继续给他留言："老师非常惊讶，没想到你打字的速度这么快，说明你思维敏捷，反应快。上一学期，老师一直在寻找一个电脑技术好的学生，来帮助我管理班级网站，但是很遗憾一直没有找到，今天看到你打字，老师就认准你了，你能帮老师这个忙吗？"

作业本再收上来的时候，在我写的留言的下面，小可加了一句："老师，感谢您看得起我，很高兴能为班级做一点事。"小可学会管理班级网站以后，利用课余的时间，为班级做了很多事情。

我继续在他的数学作业本上留言："小可，你越来越优秀了。"

小可说："老师，您这么说，我感到脸红。"

我接着又写："为什么要脸红呢？老师确实看到了你的进步。对了，老师还有一件事情要拜托你。过一段时间，老师想教同学们使用'几何画板'这个软件，希望你能在本周的课余时间，去学校的学生机房里，将这个软件装到每一台学生机上。"

小可回复："没问题，老师，我一定会尽快完成的。"

我们学校负责机房管理的张老师悄悄跟我说："刘老师，你如果想要在学生电脑上安装一个软件，不用这么麻烦的，我可以用控制电脑一次性就把它安装到所有学生电脑上。"

我说："软件安装虽然有快捷的解决方案，但是，我让学生来做这件事情，就不仅仅是安装一个软件，更重要的是在安装软件的这个过程中'育人'。你的方法，虽然快捷，但是如果没有学生动手参与的这个过程，它也就失去了育人的作用。"

张老师点点头："你说得对，我怎么没想到这一点，学生参与的过程就是育人的过程。那我就不掺和了，让学生来做吧！"

结果，小可只用了一个午休时间就做好了这件事。

我又给他留言："小可，你必须尽快学会使用'几何画板'这个软件，因为我们班有很多同学电脑技术水平不高。这么多的学生，老师如果一个个进行指点，肯定忙不过来。课堂上你必须做我的教学助手，为那些需要帮助的同学提供必要的帮助。"

小可回复："老师，'几何画板'很容易学的，上一周在装这个软件的时候，我就已经从网上下载了使用教程，我已经学得差不多了。"

说实话，在电脑技术方面，小可确实教会了我很多东西。比如班级网站的利用，是小可首先发现了它的"论坛"功能，还成功地制作了班级板报、班级荣誉墙等。而这些技术都是我之前并没有掌握的。

小可对我布置的每项工作，都是"任劳任怨"，每完成一件工作，我都会在作业本上跟他交流：

"今天，你帮助谢苗同学做好了一个扇形统计图，使她学到了新的知识。"

"今天，你帮老师制作的图片，对老师的教学帮助很大。"

"今天，你在班级网站里发布的帖子，有很多人跟帖，影响很好。"

一个学期以后的期末测验，小可的数学竟然考出了 87 分的优异成绩。就连他的父亲看到试卷以后，都不相信一头"野豹子"会"超进化"成一匹"黑马"。

后来，小可的前任班主任李老师得知他的变化，感觉不可思议，问我有什么秘诀。

我说："我的秘诀就是向学生示弱。在电脑的使用上，小可确确实实比我的技术好，他利用电脑，为班级为教学做了很多有益的事情，他得到了全班同学的尊重和喜爱。以前他之所以不学好，是因为家长和老师都把他的这一喜好当成了'不务正业'，他经受了太多的训斥和打击。而我从另一个角度发现了他的价值，通过示弱，成功地实现了对他的托举，将他对电脑游戏的痴迷，转移到电脑实用技术的钻研上来。"

我在与小可的交往中，从来没有在数学学科上给过他任何额外的帮助，但是他却觉得自己受到了"重视"，因此信心倍增，努力学习也就在情理之中了。

在现实生活中，示弱是一种武器。比如在战场上，可以麻痹敌人，达到出其不意、克敌制胜的效果；在商场上，可以树立自己儒雅谦让、诚实守信的儒商形象；甚至在唇枪舌剑的竞选中，示弱可以成为击败竞选对手的秘密武器，帮助竞选者树立坦荡诚恳的亲民形象，赢得选民支持。

在班级管理实践中，示弱则是一种教育智慧。有风度的班主任不是在学生面前一味显示自己的"强大"，而是在适当的时候告诉学生，这个问题老师力不从心，请帮忙解决一下，把自我发展空间还给学生，鼓励学生自己去寻找"答案"。学生在寻找"答案"的过程中，既锻炼了动手动脑的能力，又提升了被人需要的自我价值感。

在前任班主任的印象中，学生是跟老师对着干的。但如果跳出教师的规条系统，站到学生的规条系统里，我发现：与其说是学生跟老师对着干，不如说老师跟学生对着干，老师看到学生不听话，于是就想方设法"降服"他。所以，要解决学生跟老师对着干的问题，老师要先主动放下武器，不跟学生对着干。学生看到老师不跟他对着干了，反过来请自己帮忙解决一些问题，这是把自己当朋友、合作伙伴、助手，而不是"敌对"的对手，于是学生再也不跟老师对着干了，因为对手已经变成朋友了。

思路点拨

如何阻止学生"凑对起哄"

班上若有男生女生走得近一点，学生就起哄，说他们两个在"恋爱"，强行阻止是阻止不了，因为班主任即使在班级有说一不二的权威，也无法禁止学生在背后议论他人。

一节数学概率课，我像一个优雅的魔术师，在学生座位间的过道里穿行。从事先准备好的布口袋里一个接一个往外掏乒乓球，我瞄准那些聚精会神看我表演的"观众"，出其不意地将一个乒乓球递到他们的面前，然后叮嘱他们写上自己的名字。

看似无序，其实我已暗中作了精心安排：四个黄色的乒乓球和四个白色的乒乓球，分别递给了四名男生和四名女生。然后我将八个乒乓球重新装入口袋，请小强上台来做摸球实验。小强刚才正为我没有将球递给他而懊恼，这会儿看有上台的机会就有些"得意扬扬"。他伸手在口袋里摸索，全班同学都屏住呼吸，几十双眼睛探照灯一样"扫"过来，教室里气氛有点紧张。

我故作神秘地问："大家猜猜看，小强会摸出'谁'来呢？"

教室里静极了，小强摸出一个球来，他看了那个名字一眼，欲言又止。

我命令道："小强，请大声告诉全班同学，你手中乒乓球上的名字。"

"小雨！"

哈哈哈……底下东倒西歪，笑倒一大片。幸灾乐祸？！意味深长？！心照不宣？！总之，笑声很诡异。

　　我有点莫名其妙：哎哎哎！我们班个别同学，思想不纯洁！我抬眼看坐在最后一排的小雨，满脸绯红。我心里咯噔一下，有一点紧张，难道小强和小雨之间有什么秘密？

　　上完课出来，我没有马上开展调查，主要是不想让学生知道，我已经在开展调查了，以免班内满城风雨，这样更会增加学生起哄的口实。

　　吃完中餐，我悄悄将女生小敏叫到办公室，低声问她："今天的数学课，老师总觉得大家的笑声里有问题，小强和小雨之间有什么问题吗？"

　　小敏说："老师，你不知道吧，现在班上都在传小强和小雨恋爱呢。"

　　我马上进行否定："假的，绝对假的，这么小的孩子知道恋什么爱！"

　　小敏说："老师，很多同学都说是真的。今年的元旦，小强送了一条丝巾给小雨，被同班同学发现了，从此就有人开始起哄，说小强喜欢小雨。"

　　我故意轻描淡写地说："送一条丝巾怎么啦？送一条丝巾就表示喜欢她呀？"

　　小敏说："还有人在双休日看见小强和小雨在一起逛街。"

　　我说："逛街也很正常呀，小强和小雨本来就住得很近，说不定哪天上街就碰上了，既然碰上了，同学之间说说话也很正常呀。"

　　小敏点点头："老师，我也不相信有这回事。"

　　我拍拍小敏的肩头："好了，对于捕风捉影的事，我们就不要相信了，以后如果再有人起哄，请你远离他们。还有，今天你跟老师的谈话，注意保密，不要让人知道我找你谈话了。"

　　小敏点点头，出了办公室。

　　快下午自习的时候，我端着一本打开的数学作业本走进教室："小雨，带上数学书和笔，到办公室来一下。"

　　有学生问："老师，是要更正作业吗？"

　　我扫了那个学生一眼："是呀，要不然，带书和笔干吗？"

　　小雨拿着书和笔出来了。办公室里正好没人。

　　我盯着小雨的眼睛："你能不能告诉老师，今天上数学课的时候，课堂上为什么会有那么奇怪的笑声？"

小雨一脸委屈："老师，我都快郁闷死了。这些天经常有一些同学当面或在背后起哄。其实，我跟小强只是普普通通的朋友而已，他数学成绩好，我们经常在一起讨论问题，后来一些学生就说我们在谈恋爱，那些起哄的学生甚至帮我们把称呼都改了。男女同学做普通朋友都会被别人说这说那。要命的是，现在一些风言风语居然传到了我妈妈的耳朵里，她已经开始怀疑和监视我了。我正准备跟小强说，我们以后要断绝来往了。"

我说："身正不怕影子斜，不要说什么断绝来往的话，以前是怎么交往的，今后还继续怎么交往。"

小雨一脸担忧："老师，同学起哄怎么办？"

我微微一笑："这个问题，老师帮你解决。"

小雨问："是把那些起哄的同学训斥一顿吗？"

我摇摇头："不是，你放心，老师自有办法。"

送走小雨，我明白了，现在，小雨和小强并没有恋爱。但是，即使这样，也必须尽快制止学生起哄。

年轻的学生们在一起，如果看到同伴中有男女同学走得比较近，在好奇心的驱使下，就会有意起哄。这种起哄的次数多了，很容易弄假成真，本来不想恋爱的两个人，真的恋爱了。我的一个男同事就成功地运用了"起哄效应"，将心仪的姑娘追到了手。用旁观者的眼光来看，男同事和女同事并不是很般配的一对。男生才貌都一般，女生则很漂亮很可爱的那种。男同事就运用了一些技巧，他对我们学校一位热心的大姐说："大姐，以后每当我跟那个女孩在一起的时候，麻烦你帮忙起哄：某某某，你找了一个这么漂亮的女朋友，要请客哦！"男同事果然大方，只要大姐一说请客，立即响应，马上邀请大家出去吃饭、K歌、吃夜宵什么的。本来还有一个更优秀的男同事想追这个女孩的，现在一看这架势，以为女孩已经心有所属了，悄悄退兵。其实这个女孩当初对男同事一点感觉都没有，后来大姐起哄的次数多了，就弄假成真了，男同事成功地俘获了女孩的芳心。

现在的小强和小雨，虽然并没有进入恋爱状态，但是同学起哄次数多了，说不定哪一天他们就真的恋爱了。怎么来制止起哄呢？训斥是最蹩脚的教育方法。

这样只会给那些起哄的学生，又增加了一个口实：你看，你们的事老师都知道了，还在班上训人，你说，你们不是恋爱是什么？

经过反复的思考，我决定将解决这个问题的指导思想确定为：独特行为普遍化，任其自生自灭。

男同学送丝巾给女同学，这是一个独特行为，因为别人都没有这样做过，唯独小强一个人做了，因此学生就在心里暗自揣度：你是不是喜欢人家呀？要消除这种揣度，有效的方法就是将独特行为普遍化。也就是说，将小强与小雨之间曾经发生过的这种独特的行为，变成大家都有的行为，这样就会见怪不怪，习以为常了。

在我多年的教育实践中，男女同学在一起讨论习题，或者男女同学一同外出玩，或者男女同学互相帮助，容易被同学起哄。其实这些行为，都与真正的恋爱相差甚远，学生顶多就是一种成人恋爱行为的模仿，他们的"合"和"离"都是很简单的，往往一言不合，就分手了。老师只需调查了解是什么行为引起学生的起哄，并将这种引发起哄的行为，尽量想办法变成一种班级普遍行为，慢慢地，学生就会失去起哄的兴趣。任其自生自灭，就是采用无为而治的思想，对起哄行为不训斥也不打击。

在这里，我要告诉所有一线班主任我的一条重要经验：你觉得难以解决的问题，往往时间可以帮助你解决，你觉得难以治愈的伤口，时间可以帮你抚平。

老师对学生起哄的过度敏感，反而会强化他们的起哄行为。根据心理学原则，老师关注什么，什么就会生长，用强力手段强迫学生不起哄，或许会起一时之效，但不会长久。老师某一天一旦放松监视，起哄会越发不可控制。如果你将这个问题交给时间去解决，那么你就不需去做任何事情，你要做的就是静静地等待。

解决一个问题一旦有了指导思想，做起来就比较顺利了。

五四青年节到了，我在班上说：为了庆祝我们的成长，老师想开展一个互送礼物祝贺的活动，而且这次"送礼"有一个特殊的规定，那就是只能异性同学之间互送礼物，也就是说，男同学只能给女同学送礼，女同学也只能给男同学送礼。

听我这么一说，很多男同学都偷笑，一脸窃喜。机会难得呀，以前可能有送礼给某个心仪的女同学的冲动，但担心别人误解，不敢造次，这次好了，班主任号召大家送礼了，名正言顺呀。才两天工夫，班上男女同学互相送礼的活动就开展得如火如荼。

我问小敏："你收到的礼物是什么？"

小敏说："收到了小峰送的一个笔记本。"

我又问："你送出去的礼物是什么？"

她说："送了小峰一副耳机。"

这样一来，原本属于小强和小雨两个同学之间的"独特行为"，就变成全班同学都有的"普遍行为"了。原先那些还明里暗里起哄小强的同学，这回也不好意思起哄了，因为他自己也送礼物给女同学了，大家彼此彼此，谁也不用起哄谁了。

过了一段时间，我又在班上发出倡议，成立学习小组，要求每个学习小组，男女搭配比例适当，还提倡男生女生同桌。

有同事看我这么做，感到担忧："刘老师，你这样做，不是主动给学生凑对吗？"

我笑着说："表面现象是凑对，但本质是让学生学习异性交往。透过现象看本质，我的教育目的是让学生在求学的这个阶段，学会如何去关心人、体贴人。"

我们做班主任的，不能只着眼于眼前的教学，更应该着眼于学生成人以后融入社会的幸福生活。我早年教过一个非常优秀的男生，在校读书期间，循规蹈矩。成年以后，结婚居然成了难题，他说，自己最大的缺陷，就是不知道如何与异性交往，甚至与一个女孩面对面走过的时候，他都不敢去看女孩的眼睛。

正是这种与异性交往经验的缺乏，使他三十多岁了还是孑然一身。如果我们教出来的学生，三十多岁了还不会恋爱，成绩再好也失去了意义。

在求学期间，男女学生即使有一些亲密举动，也都与发生在成人之间那种真正的恋爱相去甚远。我认为：那种动辄就把学生间写纸条、送礼物都界定为早恋的教育行为，是简单粗暴的。我跟很多学生私下里聊过，他们最反感的就是，老师和家长将"早恋"概念扩大化，以至于将简单的问题复杂化，加剧学生和家长、教师间的心理对抗。

后来的事实表明，尽管我在班级提倡男女学生加强交往，但是班级并没有出现同事们担忧的早恋，原先在班级起哄小强和小雨恋爱的声音，也渐渐湮没在男女正常交往的大潮中。

学生为什么会起哄？原来是小强送了一条丝巾给女同学，这是一个独特行为，别人从来没有这样做过，唯独小强一个人做了，因此学生就在心里暗自揣度：你是不是喜欢人家呀？怎么阻止学生起哄？那就必须消除学生心里的揣度，让他们觉得这是一种很普通的行为，没有什么特别之处。所以就必须将小强的独特行为变成班级的一种普遍行为。那种不问原因就禁止学生起哄的班主任，是站在自己的规条系统里，想当然地对学生发出禁令，这种禁令往往会禁而不止。而顺应学生的规条系统，将男女生之间的独特行为普遍化，老师即使不发禁令，起哄也会自然消失。

思路点拨

如何培养学生的集体荣誉感

问题聚焦 🔍

学生集体荣誉感不强，在歌咏比赛中，甚至巴不得班级得倒数第一名。这样的学生遇到了真的很无奈，他不但不为班级出力，反而处处给班级抹黑。

有一年，我带一个初二班。

我们学校的惯例，每年在国庆节前，都会组织一次全校学生参加的歌咏比赛。我认为这是培养学生集体荣誉感的好机会，因此很重视这样的活动。赛前，我进行了充分的准备，亲自选歌、教歌，在临上阵前的最后一次彩排中，学生都表现得很好，因此我信心百倍：歌曲有特色，演唱有风格，进入年级前三名应在把握之中。

但在上场的时候，一个平时我很少关注的学生小俊很"自信"地说："比什么比咯，反正是倒数第一名。"

一些有集体荣誉感的学生，立即对小俊进行指责："什么人呀！难道你就希望我们班获得倒数第一名吗？"

面对学生的指责和质问，小俊也不争辩，随着队伍走上了舞台。

在比赛的一个关键环节，就是这个小俊，不知是什么兴奋的事情逗乐了他，竟然扑哧一声笑了起来。随后，队伍的后面还有几个响应者，也都呵呵地跟着乐。

这次歌咏比赛，就真的如小俊事前预言的一样，我们班获得了倒数第一名。

回到办公室以后，跟我联班的贺老师（任教我们班的语文）狠狠地说："这个小俊，必须严惩！这还得了！故意抹黑自己的班级，还有一点点集体荣誉感吗？"

我多年从事德育研究，知道一个简单的道理：这个世界上，没有无缘无故的爱，也没有无缘无故的恨。

我跟贺老师说："暂时不要处罚他。你想想，处罚了他，就能让他爱这个班级吗？处罚了他，就能培养他的集体荣誉感吗？那是不可能的！"

贺老师说："即使不处罚，对这种现象总应该批评批评吧！太恶劣了，以后所有的学生都学这个样，怎么办？"

我说："批评也没有必要。这个学生为什么会那么自信地说'比什么比咯，反正是倒数第一名'？这个学生为什么会在比赛的过程中突然发笑？显然这些他都是有意为之，他对这个班级没有感情，巴不得得倒数第一名。如果仿照'待到山花烂漫时，我在丛中笑'的体例，做一个句式迁移，今天的小俊是：待到班级荣誉扫地时，我在心中笑。我们现在批评他，只会增加他内心的反感，对班级更加厌恶。"

贺老师问："那怎么办？难道就这样算了？"

我说："对！我们不仅不能追究他的责任，还要反思一下自己的教育教学，是什么因素促成了他对这个班级没有任何感情？"

在学生下台以后，我就一直在反思自己的教育失误。小俊之所以不爱这个班级，最主要的原因是我长期忽视了他在这个班级的存在。

我跟贺老师说："一次歌咏比赛失败了，没有什么要紧，我们个人的荣誉与学生的成长相比起来，其实不算什么。有了这一次教训，今后我们应该检讨自己的教育行为，最重要的是改变我们的教育行为，以后任何教育教学活动，都应该重视小俊在这个班级的存在。不光小俊，其他表现不突出的学生，也应该是一样地重视。贺老师，你看到没有，小俊在台上笑的时候，后面还有几个响应者，至少说明，这个班级不只小俊，还有几位学生也对这个班级没有感情。"

贺老师点头说："好，那今天的事我们就不追究不批评了，但我想指导学生写一篇作文，题目就拟定为《我们班获得了倒数第一名》，让大家谈一谈获得倒数第一名的体验感受，也引导学生进行一下反思。"

我说："这样处理好！"

大概过了一个多月，有一天我上数学复习课，在教室里巡视的时候，发现大部分习题学生都会做了！

在数学课上，对于简单的教学内容，我经常采用学生上课我当学生的方法。当然，这个方法要慢慢进行训练，从最简单的做起，慢慢教学生如何将自己的理解讲出来，让听众都听明白。经过一段时间的训练后，一些学生已经学会了当小老师，尤其是小尚和小聪两位同学，走上讲台已经有模有样了。

我发现这一节课的内容适合学生来讲解，于是在班上宣布，四道计算题请一名学生上讲台来讲解。很多学生都举起了手，让人意外的是，坐在后面的小俊也举手了！

我知道他的数学成绩一点都不好，那些题目他根本就不会做。问题是，他举手了，而且举得很高。我犹豫了一下，想起要重视他在这个班级的存在的教育思路，最终还是点了他的名。

说实话，他确实是最有老师范的一个学生，一站上讲台，给人的感觉就是很自信，很专业。但问题是，这些题目他一道都不会做。没想到，这小子学着我的样，点了四个优生的名字，让他们上台去做。题目很快做完了，他也不知道对错，就又分别请了四位优生进行点评。整个过程他居然做得滴水不漏，而他呢，其实一道题都不会做。

事后，我表扬他，总结了他的三个优点：第一，最有教师范；第二，机智聪明；第三，懂得借力。

自此之后，只要我在课堂上提出，要请一个学生上台来代替老师讲课的时候，小俊都会高高举起手。于是，我就经常请他上台。但是几次之后，大家就都熟知了他的"套路"，有点兴味索然。

我想，如果老是用这种方法，大家可能会瞧不起小俊，小俊自己呢，可能有一天也会失去兴趣。我得给他另外找一点事情做。

有一天，我找到小俊说："老师看你给同学们上课的时候，很有教师范，现在有一件事情，想请你帮忙。"

小俊问："什么事？"

我微微一笑："现在有一个难题，就是很多学生完成作业不及时，比如像数学课堂作业，有一些学生总是要拖到晚自习以后再交。老师的本意呢，是希望学生在午自习的时候，就抓紧时间完成各科作业。你能帮我做好这一件事情吗？"

小俊说："就这件事呀，老师，您交给我好了。"

第二天上数学课的时候，我跟学生们说："这一段时间，老师发现有一部分同学总是不能按时完成作业，所以，今天我要作出一个重大决定——"

学生都瞪大眼睛望着我："老师，您要作出什么重大决定？"

我用眼睛瞟了一眼小俊，他坐在座位上，手和脚明显有些按捺不住地动了几下，脸上也有掩盖不住的兴奋。但是没有同学理他，因为他平时上课就是这么不安分的。

我不紧不慢地说："老师决定聘请小俊同学为我们班的作业督促员，每天由他登记那些做作业拖拉的同学的名字，然后转交给我。"

我像变戏法一样地从课本底下抽出一本聘书，朗读了一遍聘书上的文字：聘请小俊同学担任二班作业督促员。全班所有的目光一下子聚焦到了小俊的身上。

我望着小俊说："督促员同学，来领取聘书吧！"

小俊在众人的掌声里站了起来，像一个出征的将军一样脸上写满自豪。

后来，贺老师问我："刘老师，您为什么要给小俊设置这样一个岗位？"

我说："给您讲一个故事吧，一个老教师与他的老母亲的故事。这个教师已经比较老了，退休赋闲在家，当然他的母亲更老，老得已经做不动家务活了。每次吃完饭，把桌子收拾好以后，老教师都会凑到老奶奶的跟前：'妈妈，您该洗碗了。'老奶奶就会颤巍巍地站起来，开始她的絮叨：'你呀，都一大把年纪了，怎么连个碗都不会洗呢？'老教师扶着自己的母亲，像一个做错了事的孩子一样，诚惶诚恐地接受老人的批评。老人好不容易把碗洗完了，心满意足地进屋休息去了。老教师再把碗橱里的碗拿出来，重新涮洗一遍。有学生问这位老教师：'您这不是多此一举吗？'老教师回答说：'要给爱留一个机会。老人虽然年纪大了，但她很快乐，因为她觉得这个家庭是需要她的。一个人一旦不被社会、家庭所需要，那么这个人就失去了存在的价值，也就失去了继续生存的信心。'班级管理同样如此，如果一个班级不需要一个学生做任何事，那么这个学生就会觉得，自己在这个班级存不存在都毫无意义。小俊之前之所以对班级没有感情，就是因为班级一直不需要他做任何事情。那一次歌咏比赛就足以证明：当班主任认为个别学生'成事不足，败事有余'，拒绝他们参与班级事务管理的时候，总有一天，他们会'弄假成真'，真的'成事不足，败事有余'。"

贺老师频频点头："刘老师，我真的服了您了！"

很快，又到了一年一度的歌咏比赛。这一次，我们选的歌曲是《在太行山上》和《歌唱祖国》这两首歌。第一次排练结束的时候，我问小俊："你看我们这次歌咏比赛的组织和编排怎么样？"

小俊想了想说："老师，我有一个设想。"

我扶着他的肩头说："说说你的高见。"

听我将他的意见定义为"高见"，小俊脸上有些羞涩："刘老师，现在我们班最突出的一个问题是，部分学生记不住歌词。我看可以这样解决：同学们都拿一本数学书上台，把歌词都写好放在书里面，封面上都粘贴一张红纸。这样数学书摊开的时候就是一长排红色，看上去就像电视上那种很专业的合唱演出一样。"

我很兴奋："你这个创意好呀，这件事情我就交给你去办理了，你马上组织落实。"

小俊得到我的肯定，也很兴奋："那好，马上就办！"

这一次歌咏比赛，在全班同学的努力下，我们班真的拿到了年级的第一名。

比赛结束后，在办公室里，我们将奖状在办公桌上铺开拍照。

贺老师说："刘老师，我真的服了您了。只一年时间，原先一个巴不得班级得倒数一名的学生，硬是让您给转化过来了，变成了一个为班级荣誉积极奔走的学生。您能跟我详细说说其中的教育策略吗？"

我说："策略很简单，只有七个字：有投入，才会有爱。爱是不能强迫的。这个世界上，没有人能强迫你去爱另一个人。同样的道理，一个班主任不管他在班级的影响力有多大，他也不可能强迫他的学生去爱自己的班级。然而，一个班级的建设又确实需要班级里的每一个学生，为其付出感情，作出努力。一方面是不能强迫，另一方面是班级又有实际需要。那么，怎样才能让学生爱自己的班级呢？只有当学生为这个班级投入了大量的时间、智慧、精力的时候，他才会深深地爱这个班级，把班级当成自己的精神家园，与班级荣辱与共。我们常说：'金窝，银窝，不如自家的狗窝。''金窝，银窝'为什么就不如自家的'狗窝'呢？因为我们对'狗窝'投入了时间、智慧、精力。同样的道理，班主任在班级管理过程中，唯有引导学生不间断地对班集体投入个人的时间和智慧，才能唤醒学生的集体荣誉感，使学生爱自己的班级。"

贺老师连连点头，感叹说："刘老师，跟着您，真的学到了很多东西。"

思路点拨

与其说是学生不爱这个班级，还不如说是班级不爱这个学生。所以，要转化班级集体荣誉感不强的学生，首先就是老师要爱这个学生，不能忽视他的存在，把他当成空气，什么事情都不需要他。人只有对一件东西投入过时间、智慧、精力，才会真正产生感情。比如，我们每一个家长都很爱自己的孩子，就是因为他们投入了很多。班主任遇到了不但不为班级出力，反而给班级抹黑的学生，不要忙于去指责学生，训斥学生，首先要反思自己的教育，是不是对学生冷落太多，才导致学生有今天的反常。

如何让学生自觉走人行道

问题聚焦 🔍

好好的人行道不走，学生偏偏要走草坪，就为了少走20步。政教处的老师天天蹲守，抓住了重罚，学生才有所收敛，以为就此平安无事。哪知道，只要没有人蹲守，学生就又故伎重演，毫不犹豫地踏进了草坪。

我们学校的教学楼下，有一个草坪。学校花费了大量的物力和人力来美化这个草坪，一年四季，绿草茵茵。为了防止学生踩踏，学校政教处在草坪里放置了两块温馨提示牌，上面分别写着："小草微微笑，请你旁边绕"；"踩时花溅泪，踏后草揪心"。

但是某一天，学生发现草坪横亘在教学楼与食堂之间，如果要想在打饭排队的时候快人一步，一条捷径就是直接从草坪穿过。按照两点之间，线段最短的原理，学生们测算过了，直接横穿草坪，要比走旁边的人行道绕行少走20步。

刚开始的时候，是几个大胆的男生从草坪踩过，慢慢地，很多人都发现了这个秘密，于是踩踏草坪的人越来越多。正如鲁迅先生所言：这个世界上本没有路，走的人多了，就成了路。慢慢地，草坪中央就有了一条路。

于是在一次全校大会上，政教处的老师专门进行了一次集体教育，跟学生细数保护草坪的好处，保护绿草就是保护环境，还上升到了道德素养的高度，如果直接从草坪经过，是个人道德素养底下的表现。并且还举了例子：这些年，我们中国人有钱了，纷纷走出国门，到国外去旅游。按理来讲，有外国人来旅游，对于那个接待的国家来讲，本来是好事，因为拉动了本国的经济增长。但实际的结果是，出国旅游的中国人遭到很多国家民众的抵制。原来当地的民众发现，不少中国人素质低下，随地吐痰，在公共场合大声喧哗，随意踩踏人家的草坪，弄得很多国家和地区都开始反感中国人了！最后的总结是：每一个学生都是我们国家的未来和希望，是接班人，因此从小就要提高素养，做一个有素质讲文明的中国人。

全校性的集体教育之后，学生回到教室，各班又根据政教处的安排，分班召开了不要踩踏草坪的班会课，再次对学生进行"素质"教育。

"素质"教育实施之后的一两个星期，踩踏草坪的现象明显减少，政教处的老师在第四节课下课以后，暗中观察，有好几天都没有发现学生走捷径。于是有些窃喜，教育还是有效的。

两个星期以后，一个男生冲向饭堂的时候，发现没有老师站在旁边，于是将本来直接往前冲的身体悄悄转体30°，一脚就踏进了草坪。后面的男生一看，前面有人从草坪走捷径，生怕在吃饭排队的时候落后，于是紧跟着也进了草坪。只两三天工夫，每到吃饭的时候，草坪里就已经完全恢复了往日的人流如织。

政教处老师看到踩踏草坪现象一如从前，恼羞成怒。于是在全校颁布了一条禁令：所有学生都不得踩踏草坪，凡是不走人行道，踩踏草坪的学生，发现一例，扣班级的常规评比分一分。

政教处的老师说到做到。禁令颁布以后，到了吃饭的时间，政教处的老师全体出动，在草坪的尽头蹲守，第一天就抓了二十多个学生。

这一次政教处的老师真的做到了"铁面无私"，雷厉风行，扣分结果立即就出现在学校的公示栏里。

一个吃完饭的女班主任，看到自己的班级一下子就扣了六分，不干了，拔腿就朝政教处跑！

"你们这样扣分太不公平了，只抓吃饭这个点，其他时间段，别的班级还有好多学生都是从草坪走的捷径，你们没有抓。这一次你们一出手就这么狠，一次就扣了六分，那以后我们班卫生、纪律什么的都不用干了，反正已经是倒数第一名了！"

政教处的老师自己也觉得扣得有点重了，之前卫生、纪律什么的，都是一分一分地扣，一次扣六分，对这个班级来讲，确实承受不了！但是，禁令就是这么定的，如果颁布了，不执行，那岂不是一纸空文？只好做女班主任的工作。好说歹说，就是没有做通。女班主任最后撂下一句狠话："除非你们每天蹲守在那里，如果做不到，那我们班这六分就不能扣！"

这种事情哪能做到"几个月如一日"呀！政教处的老师们蹲守了一个星期，有些扛不住了。于是蹲守慢慢就变成了"三天打鱼两天晒网"。一旦发现没有老师蹲守，又有人开始"铤而走险"。

政教处的老师一脸苦相，问我怎么办。

我说："有一种办法或许可以试一试。"

政教处老师一听，一脸兴奋："刘老师，有什么好方法？"

我说："你要办公室的老师去做两种牌子过来，上面分别写这样几个字：'文明学生通道''不文明学生通道'。每种大概做五个就可以了，自有妙用。"

很快牌子就做好了。我跟政教处的老师一起，在学生走出来的"捷径"旁边，插上"不文明学生通道"的牌子，在人行道的旁边，插上"文明学生通道"的牌子。

牌子插好以后，我跟政教处的老师说，你们也用不着蹲守了，都站到教学楼上去，找一个隐蔽的地方观察，看还有没有学生踩踏草坪。

第四节课下课铃声响起，学生们从教学楼里鱼贯而出。一个男生走到草坪边上，看到一溜牌子，每个上面都写着"不文明学生通道"，再看看旁边，也有一溜牌子，都写着"文明学生通道"。这个男生犹豫了一下，迈出去的脚收了回来，折身回到了人行道上。

有几个男生，惯性地冲进了草坪，其中一个人或许有所发现，拉了拉其他男生的衣角，让他们看牌子。

政教处的老师问我："这几个男生违反禁令的学生要不要处理？"

我说："不要处理，明天继续观察。"

第二天，政教处的老师发现，从草坪中穿过的人比前一天少了很多。

一周之后，草坪中几乎已经看不到踩踏的学生了。

政教处的老师大喜过望，问："刘老师，为什么这种方法就可以让学生自觉走人行道？"

我说："这是因为采用了对道路'重新定义'的方法。"

我们走的每一条道路，其实本来是没有什么意义的，都是供人行走的路而已。但是，我们给它插上牌子以后，其实就对道路进行了"定义"，人行道叫"文明学生通道"，草坪中的那条路叫"不文明学生通道"。也就是说，你走草坪的那条路，就承认自己是"不文明学生"了，众目睽睽之下，被人这么定义，学生当然不愿意了。

这种重新定义之所以能产生切实的教育效果，一个重要的原因就是，老师用专业的教育方法，用高层次的心理需求替换了学生低层次的心理需求。

为了将这个原因讲清楚，我需要将这个问题分成四个部分进行论述：

第一，每个人都希望获得积极的社会评价。

按照马斯洛的需求理论，人在吃饱喝足以后，心理上就会产生更高层次的需求，其中有一种需求叫社会认同感，直白地说，就是希望得到群体的肯定和认同。人是群居动物，如果一个人得不到群体的肯定和认同，他就会被孤立，被驱逐。正是因为如此，我们才会在意他人的看法，才要学会自尊、自爱、自强、自立，才需要在平时注意自己的言行，做一些让人称赞和尊重，乃至欣赏的事情，才需要注重自己的仪表、修养，在乎自己的社会形象。

我们经常会说，某个学生"爱面子"，其实"爱面子"就是一种人性，我们每个人都"爱面子"。面子是什么？面子就是你在群体里的尊严。没有一个人会愿意让那些关于自己的负面评价在群体里传播，导致自己在群体的价值降低，然后被群体孤立。

第二，校园里的社会评价往往被隐藏。

之前那些从草坪借道的学生，他们知道自己的行为不文明吗？肯定知道，但是，他们为什么会一再违反呢？一个最主要的原因就是，学生知道即使自己从草坪借道，也不会给自己带来负面的社会评价——同班同学不但不会对他们的行为嗤之以鼻，反而会认为他们很勇敢，敢于跟学校规章制度作对。

那些能给学生带来敬畏感的社会评价在哪里？在教室里的墙壁上，班级管理制度中会有禁止践踏草坪的条款；在老师的口头上，如果被老师抓了现行，老师会批评教育——你这是不文明行为。

但是，这种社会评价对于大多数从草坪抄近路的学生来讲是隐藏的，他们根本就感觉不到这种社会评价的存在。正是由于社会评价被隐藏，学生从草坪中走过的时候，知道自己即使不幸被老师抓住了，也无非是违反了学校的禁令而已。在学生的意识里，禁止从草坪借道，只是学校的一条管理措施，不会给自己带来实质性的负面社会评价，因此他们要做的，就是尽量隐蔽一点，不要让老师抓了现行就可以。

第三，社会评价具体化、可视化。

将道路重新定义以后，隐藏的社会评价就变得具体和可视了。你从那里走过，即使是没有一个人看到，你自己也不可能对那几个"不文明学生通道"的大字视而不见。你看到那几个字，你的内心就会不自觉地给自己的行为进行一次评价——哦，我这是不文明行为。如果此时恰好旁边有人，看见你从那里走过，人家都不用说你，看一眼那个牌子，你就能感觉到人家在对你的行为进行社会评价了——你是一个不文明学生。

第四，学生的心理需求被人为拔高。

这种社会评价具体化、可视化的方法，之所以能产生效果，一个最主要的原因是人为将学生的心理需求给拔高了。人的需要分为好几个层次，满足吃饱喝足是低层次的需要，现在学生衣食无忧，所以他们还有更高层次的需求，即获得积极的社会认同。之前之所以学生没有改变，是因为社会评价被隐藏，学生察觉不到这种评价的存在，在这种情况下，他们就会选择满足自己低层次的需求，抢在别人的前面到食堂去吃饭。而社会评价一旦具体化和公开化，他们又选择了更高层次的心理需求，以保证自己获得积极的社会认同。这就等于人为地将学生的心理需求从吃饱喝足拔高到了获得社会认同这个层次。

所以，当学生的某种行为，只是为了满足自己低层次的心理需求的时候，要改变他们的行为，专业的方法就是用高层次的心理需求来替换学生低层次的心理需求。

草坪不能践踏。道理其实学生都懂，但为什么他们就是做不到？因为学生有实际需要，可以少走20步，可以比别人快20步达到食堂。请注意，平时我们说领先，是快人1步，这里是快人20步，所以学生才会甘愿冒着被政教处抓住的风险走捷径。但是人的需要分为好几个层次，满足吃饱喝足是低层次的需要，现在学生衣食无忧，所以他们还有更高层次的需求，即获得社会认同感。之前之所以学生没有改变，是因为社会评价被隐藏，学生察觉不到这种评价的存在，在这种情况下，他们就会选择满足自己低层次的需要。而社会评价一旦具体化和公开化，他们又选择了更高层次的需求，以保证自己的获得积极的社会认同。

思路点拨

如何纠正学生的缺点

问题聚焦

学生有缺点，而且这些缺点严重阻碍了学习成绩的提高，于是老师就紧紧盯住学生的缺点，结果发现缺点不但没有改正，反而越来越明显了。

平时在数学课堂上，小洪就是一个纨绔子弟样，做作业马马虎虎，随便应付，有些习题会做，就是不愿意去进行扎实训练。很多老师批评他懒惰。办公室里常听到这样的声音："这个小洪，太懒了！"甚至还有一些老师会将小洪叫到办公室，进行严厉的训斥："你看看你做的作业，再跟小靖对比下看看，差距有多大！"

我经常劝那些老师，不要拿一个学生的缺点跟另一个学生的优点进行比较，这样的教育方式，只会让学生产生逆反心理，不但不能纠正缺点，反而会使缺点越来越明显。

同事不解："难道学生有了缺点不指出、不纠正？"

我说："不需要指出，但不是不纠正。指出学生的缺点，尤其是当众指出学生的缺点，实际上是对缺点的一种强调，这种强调对纠正学生的缺点，没有任何积极作用。"

同事越发不同意了："学生有缺点不指出，那他怎么会去纠正缺点呢？

如果学生有了缺点都不指出，那还要我们老师干吗呢？"

我说："我们老师的作用是教育学生，转化学生，但是抓住学生缺点不放的做法，只会进一步强化学生的缺点，使他的缺点越来越像一个缺点。正确的做法，应该是对缺点视而不见，去寻找学生的优点，对优点进行放大、强化，慢慢地，优点就会掩盖缺点。"

同事说："这个小洪好像没有什么优点呀！"

我说："你只要有心寻找，一定会找到他的优点的。"

我最终还是没有说服同事，但是我在自己的领域，只做自己认为正确的事。

有一次，做一道计算题。我刚在黑板上板书好题目，坐在后面的年级第一名小靖就举手了。

我微微一笑说："这道题目，老师想自己做。"

小靖问："为什么？"

我说："这道题考查的知识点比较多，老师想讲解得清楚一点。"

没想到，我正准备开讲的时候，小洪抢先把第一步的解题方法讲出来了。

我有些意外，转身走到小洪的跟前，把粉笔递给他："来，你帮我讲讲。"

小洪有点犹豫："老师，我讲不清楚。"

我说："你讲不清楚，那就上黑板前去做。"

这时，后面的小靖有意见了："老师，你刚才不是说，要自己做吗？"

我呵呵一笑："我本来是打算自己做的，但是刚才小洪突然说出了这道题的解题要领，我想知道他是怎么思考的，是不是跟我想的一样。"

小洪很快就在黑板上把第一步写出来了，他还准备往下写。

我马上说："小伙子，打住，后面的内容请留给我。你能说一说这一步你是怎么思考的吗？"

小洪拿着粉笔在黑板上点了点："这一步之所以这么做，是因为……"

我微笑着提醒他："小洪老师，跟观众讲解的时候，请面对观众。"

学生们都大笑。

小洪不好意思地转过身来，显然，他还是不习惯面对观众讲，有些拘谨。我给他示范:"讲解的时候,要挺直身板,面带微笑,落落大方,同时还要注意底下观众的表情,观察他们是否在专心听你讲解。"

小洪依样画葫芦地按照我的示范去做,引得下面笑声一片。

他讲完了,我问学生:"小洪老师的讲解,大家都听懂了吗?"

学生齐声回答说:"听懂了!"

事后,我跟小靖解释说:"老师之所以请小洪上去讲解,而不是请你上去讲解,主要是因为小洪的数学基础不太好,毛病还很多,正在往好的方面转化。在这种情况下,老师只要发现他有丁点儿进步,就必须及时给予关注,要不然的话,他就又退回去了。中央电视台有一个叫《星光大道》的品牌栏目,有很多出道早,早已成名的明星,经常会给一些刚出道的新人做'陪衬'。在帮助小洪成长的过程中,我们也应该有甘当陪衬的胸怀和气量。"

小靖点点头:"老师,您放心好了,为了小洪这朵'红花',我们愿意做'绿叶'的。"

我说:"这就好。"

以后,凡是遇到小洪掌握得比较好的题目,我都请他代替我上黑板前来讲解。

有一次做选择题,小靖做错了,但是小洪做对了。于是,我就大张旗鼓地表扬他,我说:"小洪,以后你可以骄傲地对别人说,年级第一名做错的习题,我做对了!"

小洪一脸得意,戴着眼镜的脸上,微微泛起一丝红晕。

还有一次,有一道习题我讲解的时候,小靖问那个条件为什么会成立。不待我说话,小洪马上就说出了理由。我听了在心里暗暗感叹,这小子真的智力不一般呀!怎么表扬他呢?我说:"小洪,以后你又有了一个吹牛的本钱,那就是年级第一名都不懂的问题,小洪我懂了!"

小洪很得意。小靖呢,也不觉得是在打击她,因为谁都知道,她是年级第一名。学生们也不觉得我这样说,就是贬低了小靖,这只是师生之间、同学之间的一种调侃而已。实际上,课堂上我也经常用类似的话,调侃自己。

有一次,做一道选择题,小靖说答案是 B,不是我说的 C。我仔细一想,确实如此,于是马上表扬小靖说:"以后你就有了一个可以炫耀的资本:

刘老师做错的题目，小靖我做对了！"

全班同学都大笑。

对于小洪的优点，我一般都会采用描述性评价的方法来鼓励他。所谓描述性评价，就是采用描述学生行为的方式，来评价学生的行为。

比如说，为了解答一道数学题，小洪动手剪下一个正方形，进行了一番研究。我表扬他时是这么说的："小洪同学，裁下一个正方形，对折两次，然后在边缘戳了三个洞洞，打开就是这个样子。"我将小纸条举了起来。

有几个学生饶有兴趣地站起来："老师，我看看。"

我继续不紧不慢地说："从小洪探索的这个过程来看，他一直在很认真地求证答案，说明他学会了思考问题。"

小洪最得意的事情是期中考试，成绩出来了，他居然得了 90 多分。当时他在座位上就叫了起来："我以为自己只有 70 多分呢，没想到有 90 多分！"而且，下课以后他还追上我，又把这句话跟我说了一遍。看得出他很兴奋，也有些得意。

我灵机一动，对小洪说："你到我办公室来，老师有神秘礼物送给你。"

我从办公桌的抽屉里找到一本笔记本，郑重地在扉页上写上：送给进步神速的小洪同学。

这时，恰好小洪的班主任进来了，我马上抓住时机，对班主任说："这一次期中考试，小洪同学进步神速，得了 90 多分。"

我个人的经验表明，说给第三方听的表扬或者批评，都有能量增倍的作用。比如，当着家长的面表扬学生学习认真，比直接表扬学生学习认真，效果会倍增。当然，如果当着家长的面批评学生，打击的力度也会倍增。所以，我经常采用这种方法，将表扬讲给第三方听，批评则只在私下里进行。

班主任一听我这么夸她的学生，也很高兴，扶着小洪的肩头说："小伙子，不错呀！进步这么快！记得加油哦！"

小洪戴着眼镜的脸上，又有了红晕。他双手捧着笔记本，给我鞠躬："谢谢老师。"转身飞似的出了办公室。

过了几天，我上晚自习，经过小洪课桌前，发现他在做一本自己购买的资料。学校不准教师向学生推荐教辅资料，一些勤奋的学生就自己购买了教辅资料来练习。对这种情况，我确实感到意外，没想到以前那么懒散的学生，居然自觉加入到勤奋学生的行列来了。我对小洪点点头，表示对他这种行为的肯定，然后走开了。刚走出不远，我突然意识到：唉，这样做不对！我怎么可以对学生的努力视而不见呢？多么好的教育机会呀！亡羊补牢，犹未为晚。于是，转了一圈，我又回到了小洪的座位前。我停下脚步，看他静静地做题，过了一会儿，小洪已感觉到了我的驻足，抬起头来，不好意思地对我呵呵一笑。我拿起他的这本资料，翻到封面，是一本五加三的习题集，然后又翻了翻他做过的习题，已经做了十多页。我对全班同学说："一分耕耘一分收获，小洪同学能够自己主动找一些事做，体现的是他学习上的主动精神。学习需要主动，老师相信付出努力的人一定会有收获。"小洪被我表扬以后，面露羞涩。我也很高兴，因为他已经不再是从前那个懒散的纨绔子弟了，变成了一个主动学习的学生。

一个学生，在成长的路上，需要老师的关注。老师的关注，对于学生的成长来讲，就像是阳光，你关注什么，什么就会生长；你忽略什么，什么就会枯萎。对于学生的努力，老师任何时候都不能熟视无睹，应该看在眼里，记在心里。

所以，要纠正学生的缺点，方法就是：关注优点，忽略缺点。

有老师认为：学生有了缺点，我当然要指出学生的缺点，并且督促学生改正缺点，要不然，要我这个老师干吗？其实这种想法只是一厢情愿，并不是专业的改变方法。因为心理学研究证明：老师关注什么，什么就会生长，老师关注学生的缺点，缺点就会生长。老师盯住学生的缺点不放，从专业的角度来讲，这不是在帮助学生改正缺点，而是在强化学生的缺点。所以要换一种思路，忽略缺点，转而关注优点，于是优点开始生长，当优点越来越强大的时候，缺点就会慢慢从老师的视野中消失。

思路点拨

如何处理班级失窃事件

问题聚焦 🔍

　　班级的一个学生丢钱了，而且可以肯定，是本班学生"作的案"。如果破案，势必会给那个学生贴上"贼"的标签；如果不破案，钱追不回来，以后再发生这样的事件怎么办？

　　跟随学生到操场做完课间操回来，我在办公室里刚坐稳，正准备喝一口茶。茶刚到嘴边，就被风风火火跑进来的小玲打断了："刘老师，小敏丢了100元钱，现在正坐在座位上哭泣。"

　　我放下茶杯，心里有点窝火：已经在班上多次强调过了，不要带太多的现金在身上。这种班级失窃事件最麻烦了，钞票上面又没有你小敏的名字，放谁的口袋都是放，你凭什么说是你的呢？如果没有现场证据，面对否认，谁也无可奈何。

　　我把小敏叫进来，问她是什么时候发现失窃的。小敏说，她是刚刚做完课间操回来发现的，做操之前，担心钱夹子放在口袋里太鼓，影响做操时的自由伸展，所以临时决定将它放在了课桌的抽屉里，结果一回来就发现100元钱不见了。说完这些，小敏又开始了嘤嘤啜泣。

　　这也难怪，她的家庭并不富裕，家长是没有太多的钱供她"奢侈"的，大多属于"计划供应"。小敏是一名走读生，这 100 元钱是她一周的往返车费和零花钱。这一天是星期一，父母一次性给足了一周的钱，如果不把这些钱找到，她这一周的生活可就"惨"了。

谁也不会想到，此刻我的心里竟然有一点点"幸灾乐祸"：放学跑跑腿也好，给点教训，感受一下徒步行走的辛劳，对你小敏也并不是一件坏事。但对于偷窃这样的事情，我是不能容忍的，因为这已经触及了我的教育底线。

我站在讲台上，情绪有些激动："大家都知道了，小敏同学丢了 100 元钱，可以肯定一点，是我们班同学拿的，不会有外人！说实话，老师最恨的就是这种小偷小摸的行为了，俗话说：小来偷针，大来偷金。那些成年以后走上违法犯罪的道路的人，不是一生下来就是犯罪分子，都是从年幼时候一些不良行为习惯开始积累的。

"这种偷拿别人钱财的行为，说到底就是一种损人利己的行为。为了满足自己的私利，就不惜损害别人的利益，这是不道德的。老师已经跟大家多次讲过，利己可以，但是绝对不能损人！你拿到这 100 元钱，你是高兴了，但你要想想人家丢了这 100 元钱是怎样的一种心情，她会面临怎样的困难。这 100 元钱，是小敏同学一个星期的生活费，意味着她在这一个星期里，就只能每天步行上下学了。每天早晨她就要提前四十分钟起床，之前她是六点起床的，但是现在她不得不在五点二十就起床，因为她没有钱乘车了。这就是那个拿钱的人给她造成的伤害。请扪心自问，这样做，你内心是否安稳？

"古人说：勿以善小而不为，勿以恶小而为之。为什么恶小不能为？因为恶小能击溃一个人的道德底线，它会让你越来越肆无忌惮，越来越胆大妄为，最终变成一个道德败坏的人，一个违法犯罪的人。对这样的事情，老师是绝对不会轻易放过的，必须找出这个人来。根据老师多年带班的经验，这种事情谁走在最后，往往谁最有可能。现在请大家都回忆一下，你出教室的时候，教室里还有哪些人？"

全班一个一个询问，最后确认，有十个人落在最后，其中有小春、小文、小军。

我说："这十个人在午自习时间，按座位的顺序，一个一个到我办公室来说明情况。"

午自习时间，学生一个接一个到我办公室来了。

我问小春："你丢过钱没有？"

小春说："上个学期在寝室里丢过25元钱。"

我问："丢了钱以后，你是怎么熬过来的？"

小春说："每天都省吃俭用，每一分钱都要作好计划，到最后终于还留了两元钱回家。"

我问："那个时候，你心里对那个拿你钱的人，有什么想法？"

小春说："我天天学《喜羊羊与灰太狼之古古怪界大作战》中的潇洒哥那样，'画个圈圈诅咒你'，在心里恨恨地骂那个人太缺德了。"

我问："那你设身处地替小敏想想看，她现在是不是也在这样诅咒那个人？"

小春说："应该是的。但是，老师，我没有拿她的钱。"

我说："嗯！老师相信你。你走出教室的时候，后面还有人吗？"

小春说："还有两个，小文和小军。"

接着，小文和小军进来，我又把类似的话问了一遍。

最后没有一个人承认拿了钱，但每个人谈话完毕，我都说同样一句话："老师相信你！"

看我这样调查，跟我同办公室的李老师凑过来跟我说："刘老师，你要调查出来真相是谁，不能这么干的，我告诉你一个好办法。"

我压低声音问："什么好办法？"

李老师声音很轻，近乎耳语："刘老师，你要查出真相，应该低调一点，悄悄开展调查，让那个拿钱的人觉察不到你在调查他，他才会放松警惕。然后在班级内部找几个可以信赖的学生做眼线，让他们在课余时间悄悄到学校商店里去，观察本班同学谁会大手大脚花钱，一般能一拿一个准。也可以让眼线悄悄潜伏在学生闲聊的队伍里，只要拿钱的人放松警惕，就会露出马脚。"

我微微一笑："李老师，你的方法好是好，却与我的处理思路背道而驰。"

李老师不解："你处理这个事件不就是找出那个拿钱的人吗？还有什么思路？"

我呵呵一笑："李老师，我们老师的职责是育人，而不是'毁人'。从'育人'的角度出发，我处理这个事件的思路乃是一个八字口诀。"

李老师一听，来兴趣了："刘老师，还有口诀？"

我说："是的，口诀就是：高调调查，不明真相！"

李老师摇摇头，表示不理解！

我说："跟你解释一下吧。所谓高调调查，就是在班级大张旗鼓地进行公开调查，这样做的目的，是表明我的态度，学生的这个行为已经触及我的底线了，是我绝对不能容忍放纵的。不明真相，这个'明'，要作动词解，就是不弄明白真相是什么。"

李老师越发奇怪了："为什么要高调调查，却又不弄明白真相呢？"

我解释说："高调调查的目的，就是在班级内形成一种高压态势，让学生产生一种敬畏心理。有敬畏心理，对一个学生的成长来说，很重要。有敬畏之心的人，就不敢心生邪念和贪欲，就能自觉地遵纪守法，向规则低头，不去做违规犯法的事；有敬畏之心的人，就能认认真真、踏踏实实地工作，使自己在工作中不犯或少犯错误。我们今天在学生'三观'定型的这个关键时间里，往学生的头脑中输入'敬畏'两个字，实际上对他是一种最好的保护，保护他将来不会走上违法犯罪的道路。既然这样，那为什么又不能弄清楚真相呢？这是为了保护拿钱的学生。这个学生或许是一时见钱起意，心里想着有钱是好事，就不假思索地拿了。他们这个年纪，还不存在'品德败坏'这样的说法，如果我们查出真相来，就会给这个学生贴上'小偷'的标签。有了这个标签，他今后就会在同班同学面前抬不起头来。学生今后的路还很长，我们不能因为这 100 元钱，就毁了他的前程。"

李老师频频点头："刘老师，真的佩服你，想得这么周到。"

我继续说："这八个字的口诀，实质就是教育批评中的对事不对人。在学生中派一些眼线，确实是破案的好方法，但是作为老师最好不用这样的方法。我们一直在教育学生要光明磊落，如果我们自己反而跟学生玩一些'阴谋阳谋'，这不是自己打自己的脸吗？"

李老师听我这么一说，脸上瞬间有了红色。

我呵呵一笑，马上转移话题："李老师，现在我有一个猜想：那个拿钱的学生，如果确实感受到了我的压力，估计过两天会把钱还回去。你说有没有这种可能？"

李老师说："完全有这个可能，但是有一点，就是在这个学生将钱还回来之前，你必须在班上继续维持这种高压态势。"

我一听，有道理。本来打算明天就偃旗息鼓了的，李老师的这句话倒是提醒了我。

接下来的两天里，虽然我一直没有查明真相，但是每天都在进行调查，一个学生接一个学生地谈话，一副不达目的誓不罢休的态势。

到了第三天，学生做完课间操回到教室，小敏打开自己的文具盒，突然叫了起来："咦？我的钱回来了！"

大家都围过去看，真的，那100元钱就躺在文具盒里。

我曾将这件事写成一篇文章，有很多老师看后质疑，如果采用"高调调查，不明真相"的处理思路，学生不归还钱怎么办？

第一，在我们学校，已经发生过多起校园偷窃事件，我们都是采用这种思路，成功地将被偷的钱物追回。

2007年，一个学生在寝室里丢失了一台学习机，三天后学习机被退回。

2012年，一个学生在教室里丢失了学费2000元，班主任在班里持续调查施压，一周以后，钱被退回，但少了200元。

2017年3月15日，一个值班老师在值班室丢失了一部手机，第二天学校召开学生大会施压，当天大扫除的时候，学生将手机偷偷放在了另一个老师的备课本下，并留言请转交某某老师。

第二，不能绝对地说，使用这种方法就一定能将赃物追回。但是，即使学生不将赃物退回，我认为，通过这种方式学生也已经受到了教育，他的心灵也一定受到了震撼。

学生是成长中的人，有一些学生会在成长的过程中犯错，包括偷拿别人的钱物这样的错误。但这样的错误与成人社会的"偷窃"有本质区别，学生往往是见钱起意，不假思索地就拿了。这样的行为，只要进行教育，他是会认识到自己的错误的。所以，高调调查，不明真相，就是一种专业的教育方法，这种方法的专业性体现在两个方面：第一，给学生敲响了警钟，告诫学生这样的行为是不允许的，下次不可以再犯；第二，保护了学生，不会给犯错的学生贴上"贼"的标签，这件事情过了以后，他依然可以是一个好学生。

思路点拨

如何处理学生要挟事件

问题聚焦 🔍

一些学生，不愿意接受学校的管教，于是就采用一些方法，比如自残、离家出走等来要挟老师和家长。

一天早晨，我刚走进教学楼，发现小鹏的爸爸妈妈正在办公室门前等我。

"刘老师，小鹏离家出走了！"看见我过来，小鹏的爸爸一开腔，眼泪就哗哗落下来了。

我心里一惊，怎么回事？

"昨天放学回家后，邻居来告状说，小鹏偷了他家晾在外边的一条裤子，用打火机点燃烧了。他妈妈问他有没有这回事，他承认裤子是他烧的。"

他妈妈一听这事是他做的，"爱之深，恨之切"，一根竹条就在爱恨交加中代替了所有的教育。被打之后，小鹏似乎显得很平静，他妈妈陪他做作业一直到夜里十一点，才回自己的房间睡觉。他爸爸十二点下班回家，发现小鹏不在床上，一摸被窝，还是热的。当夜雷雨大作，小鹏的爸爸妈妈不顾倾盆大雨，紧急出动，搜寻一夜，毫无结果。

我还算镇定："昨夜十一点多出走，又是大雨，小鹏应该就在你们家附近，你们赶快回家，召集所有亲戚，到那些能在大雨中容身的地方去寻找，一定找得到的。"

夫妻俩一听有道理，急急而去。

第二天和第三天，发动所有亲戚朋友，几十个人以家为圆心、十公里为半径，在这么大的一个区域地毯式搜寻了一遍，有些亲戚还扮演了交警的角色，在通往县城的两条主要公路上，拦截一切过往车辆进行检查，均无收获。整整三天三夜，夫妻俩没有合一下眼。

到第四天，一家人都几近绝望，忽然几里外的乡民打来电话，在一个山头上发现了小鹏。全家闻风而动，看到那个已在屋檐下露宿了三个夜晚，至今粒米未进的"小祖宗"，一家人真不知是要诉说爱还是表达恨。

小鹏的爸爸送他来学校的时候，一见面就跟我提了三个要求：第一，不要在班上提起这件事情；第二，不要批评他；第三，孩子以后犯了错误都不要处罚他。

我表情严肃："这是您的要求，还是小鹏的要求？是不是小鹏让您跟我这么说的？"

小鹏的爸爸一脸尴尬，讪讪地笑着，不知如何回答我。

我转身进了教室，当着全班同学的面，吼了一句："小鹏，你到我办公室来一下。"

小鹏放下书，我发现他竟然没有一点歉意，脸上甚至挂着得意扬扬的笑。

我在办公桌前坐下，带着一点揶揄的口吻调侃他："听说你这几天完成了一项了不起的创举，把你家几十口人都调动起来了。"

小鹏讪讪地笑了一下，用手摸了摸后脑勺。

"能跟我说说事情的经过吗？"

小鹏一脸愤怒："邻居家那小孩子，太欺负人了，经常叫我'笨笨'。"

"那你认为自己是不是'笨笨'呢？"

"当然不是！他们这是故意诋毁我。他们看我做事慢一点，就叫我'笨笨'。"

我笑了笑："老师感到很奇怪，你邻居家的那个孩子怎么没有烧你家的裤子进行反报复呢？他只是告诉了你妈妈，这说明什么？"

小鹏摇了摇头，用脚蹭地面，大概他已经意识到了什么。

我提高了声音："说明人家懂得将心比心，说明人家处理问题比较理智，说明人家素养比较高，想妥善解决问题。"

小鹏用"木讷"来应对我的暴风骤雨，呆呆地站着，任你借题发挥，一言不发。只不过刚进门时的得意扬扬已一扫而光。

停了一会儿，为了缓和一下气氛，我又开始调侃他："从这件事上，老师发现你有一个非常突出的优点，那就是忍耐力很强。要是换成我，别说在人家的屋檐下蹲三个晚上，就是一个晚上，我都坚持不了。你是怎么坚持过来的？"

"哎，太难受了，又冷又饿。"

在我的引导下，小鹏开始诉说事情的经过。小鹏讲完后，我问他："你吃这么多苦，值得吗？"

"值得！一想到妈妈不分青红皂白地打我，我就想惩罚惩罚她。"

"你的目的是想惩罚你妈妈，她是你敌人？"

"当然，她打我、骂我，就是我敌人。"

"你怎么知道你的这种方式就一定惩罚了她？"

"她这几天里一定急得睡不着觉，吃不下饭，像发了疯一样四处寻找。想到这些，我就在心里笑，这回知道我的厉害了吧，看你下次还下手那么狠不！"

"你妈妈不光是急得睡不着觉，吃不下饭，像发了疯一样四处寻找，还痛哭流涕，在我这个办公室就哭了好几回。那你知道她为什么会这么痛苦吗？"

"因为她的儿子出走了？"

"她这是把你当敌人，还是爱你、心疼你、牵挂你？"

面对我的责问，小鹏低下了头。

"一个那么爱你、心疼你、牵挂你的人，你却把她当敌人，用一个母亲对儿子最圣洁、最纯净、最彻底、最无私、最真挚的爱来惩罚她，你说你还是人吗？"我一激动，声音就高了八度。

"我……我……"小鹏嗫嚅着，终于有眼泪掉了下来。

我停顿了一会儿："继续问，刚才你父亲跟我提了三个要求：第一，不要在班上提起这件事情；第二，不要批评你；第三，以后犯了错误也不要处罚你。这是不是你的主意？"

小鹏耷拉着头，默不作声。

我很严肃地跟小鹏说："老师是国家的公职人员，是代表国家在进行班级管理。所以，我对你提的要求，凡是带强制性的，都是国家和社会对你们的要求，不是我个人的意见。一个孩子，他可以用各种方式破坏家庭的规则，一个学生，他可以用各种方式破坏学校的规则，但他走入社会以后，破坏不了社会的规则。一个孩子，他可以不服从家长的管教，一个学生，他可以不服从老师的管教，但他走入社会以后，不可能不接受社会的管教。今天老师对你进行管教，是爱你才管教你，不是恨你才管教你。学生不得随意旷课，这是《中小学生守则》规定的。如今你为了达到自己的目的，旷课三天，这事我得进行处罚。为什么？因为这是我的工作，我在执行公务。所以，你爸爸说的那三个条件，不管是谁的主意，我是一条都不答应。你旷课这件事，咱们还得公事公办。"说着，我打开办公桌的抽屉，从里面拿出一本违纪处罚单来，给小鹏开违纪"罚单"。

1201班违纪处罚单

1. 开出时间：2014年3月27日。

2. 违纪情况：小鹏同学于2014年3月24日至2014年3月26日这3天时间里，不经请假，无故旷课3天。

3. 处罚内容：打扫教室卫生6天。（1201班班级公约规定：每无故旷课1天，打扫教室卫生2天。）

4. 处罚验收人：小敏。

5. 填单人：刘令军。受罚人签名：_____。验收人签名：_____。

此"罚单"一式三份，处罚执行完毕以后，我留一份，小敏留一份，小鹏自己保存一份。

我将"罚单"交到小鹏的手上，拍着他的肩头说："你小子如果还是个人，今天回家之后，好好跟你爸爸妈妈道个歉。如果实在不好说，写一封信也可以。"

我之所以当着小鹏爸爸的面严厉批评他，目的是"一石二鸟"——既教育学生，又教育家长。

处理这样的事件，我有一个九字口诀：寸步不让，公文化处理。

寸步不让，就是触及教育底线的行为，绝对不能让步。在我的管理思维里，有五类行为是触犯教育底线的：第一类，偷窃事件；第二类，要挟别人；第三类，欺凌弱小；第四类，恶性损人利己行为；第五类，故意损毁学校公物。一个班级，如果这五条底线不能守住，那就不能成其为班级了；一个学校，如果这五条底线不能守住，那就不能成其为学校了。

对这些破坏规则的学生，如果我们因为害怕出事，就放弃原则，其实对班上其他同学是不公平的。其他同学就会在心里想，是不是因为我没有离家出走，老师就处理我？如果每个学生都这样想，那么学校也就不用办学了。

公文化处理，就是在执行班级管理制度的时候，处理的制度、人员、程序，都采用一套标准化的流程，就像政府机关处理公务一样，让每个学生都知道。这样处理是一种"官方"行为，具有权威性和不可更改性。

这里跟大家介绍一下我们班的管理模式。

（1）班级管理制度。在班级刚刚组建的时候，我就跟学生商定"班级公约"，大家一起讨论，制定一整套进行班级管理的制度。我们这个制度不是一天两天形成的，而是大家觉得哪个方面需要一条管理制度来规范大家的行为，就出台一条制度。这种制度不只是用于处罚学生，更重要的是管理，任何一个学生干部，都可以据此进行操作。

（2）管理人员。我们班有两类管理人员，第一类是班级服务人员，全班同学依据自由组合的原则，分成五个服务小组，服务小组主要负责班级的日常管理，比如卫生监管、纪律监管、生活服务等等。每个小组设组长一名，实行周值日轮流制。这样就实现了人人有事做，人人都是班级管理者的管理思想。第二类是班级执行人员，由班长一名、班委成员三名组成，主要负责执行班主任和值日组长提出的违纪处理。

（3）程序。执行一个管理制度，需要两类管理干部分工配合才能完成。学生违纪了，值日的小组只负责记录，并由组长开出违纪罚单，交给班委会执行。班委会执行完了，由班长小敏验收签名后，则此条处罚撤销。如果学生一直没有接受处罚，到期末的时候，学生的违纪情况将记入学生的成长档案手册。这就有点像交警的交通违章处罚，电子监控记录交通违法信息，上交到处罚平台，违章者到违章处理中心接受处罚，到银行交罚款，消除违章记录。

虽然是一个小小的班级，但是我们班的管理，像一个官方"机构"一样，有制度，有程序，有分工，学生就会觉得这样的处理，像政府"官方"行为一样，正规、公平，较少抵触。

还有一点，就是我们班的任何违纪处理，都像"官方"行为一样，有正式的文书和单据，记录有单据，处罚有单据，撤销违纪有单据……之所以弄这么多单据，目的就是给学生造成"正式"感，让他们从心理上减少对教育处罚的抵触。

之前家长对我提出的三个要求，其本质就是要求我"对人不对事"，凡是小鹏这个人做的事情，班级和老师都不要管。我的公文化处理，则是"对事不对人"，我的眼里看到的只有违纪事实，不管是谁做的。

后来，小鹏接受了班级的处罚，并没有像家长担心的那样，一处罚就离家出走。在之后的班级生活中，班级多次给过他处罚，他都没有任何抗拒心理。

我个人的经验表明：班级管理只要抓住了"对事不对人"这个牛鼻子，任何教育处罚，都可以大胆进行。当然，给学生的这个处罚有一个度的把握问题：第一，你不能诋毁侮辱学生的尊严；第二，不能触犯国家法律；第三，整个学校、班级都已经形成了"对事不对人"的处罚氛围。

学校当然不可能接受学生的要挟，问题是，如果不妥协，学生真的出了事怎么办？为了息事宁人，向学生妥协似乎是比较稳妥的办法。这种办法的处理原则就是"对人不对事"，也就是说，学校处理违纪，要看是谁违纪，不是人人违纪都会得到处理。这样做虽然能保学校一时平安，但是也把隐患给埋下了，学校今后的管理，就会处处掣肘。而"寸步不让，公文化处理"的问题解决思路，贯彻的是"法治"思想，坚持的处理原则就是"对事不对人"，只要是违纪了，不管是谁，都必须对照制度进行处罚。从学校长远发展来看，从一开始就坚持"对事不对人"的原则，是学校不受任何学生要挟的重要保障。

思路点拨

如何形成家校合力

> 班级建立了一个微信群，老师们每发现学生一个缺点或者不足，就将其姓名和行为及时发布在微信群里。刚开始的时候，家长们对群里发布的负面讯息还有回应，慢慢地，大家都懒得理老师了。

我教数学的二班，班主任在接班之后就组建了一个家长微信群。自从有了这个群以后，家校之间的交流就方便多了。任课老师们喜欢在微信群里发一些自己学科的讯息，跟家长们交流。每周星期一讯息最多，主要是关于作业方面的（我们学校是寄宿制学校），每个学科老师都会列出一串长长的名单，告诉家长们哪些学生作业没有做，哪些学生没有做完，哪些学生作业潦草应付，最后都会加一句话：请家长们在假期加强督促。

刚开始的时候，每次发出这种讯息，那些被点名的家长，会及时进行回应，检讨自己的过失：老师们辛苦了，家长在家没有督促好，对不起老师。或者有家长说：下个双休日，一定回家，督促孩子做好作业。但是，下个星期一检查作业，涛声依旧，任课老师们于是又在微信群里列出一长串名单。渐渐地，家长回应得越来越少了，有时候一个讯息发出去，甚至会出现没有一个家长回应的现象。

我也会在群里定时发一些讯息，与其他任课老师只关注作业做没做不同，我发的基本上是学生的在校表现，所以更注重细节一些，有些甚至还写成文字。其中有一个叫小佳的男生，负面讯息最多。他的主要问题集中在两个方面：第一是上课不专心听讲，第二是书写马虎。每次看到他在数学课堂作业本上写得一塌糊涂，我就有些气恼，于是用红笔在小佳的作业本上进行标示：小佳同学的作业！然后手机拍照，传到家长微信群里。目的是想刺激一下家长：你看看你儿子做的作业，还不上点心管管儿子！有时候为了对比，还故意拍两张优秀学生的作业放在群里，然后写上一句话：这是某某某同学做的优秀作业。虽然没有直接说"你看看人家孩子的作业，比你孩子的强多了"，但是几张照片连续发在一起，见到的家长自然会去进行对比。我当时心里有些阴暗地想，就是要让大家都看到这种对比，要不然，家长还不知道警醒，内心还没有触动。

我深知一个道理，一个学生如果只依靠学校老师单方面去努力，他的进步是有限的。如果家校之间协同配合，形成合力，学校管好在校的学习，家长管好假期的学习，学生就会慢慢提高学习成绩。

为了引起家长的足够重视，如果看到小佳上课不认真，我还会在家长群里将他不认真的细节描述出来。比如有一次，我就写了一段这样的文字：

今天的数学课，小佳一直不认真，我看他没有看黑板，于是叫了一声："小佳！"小佳"哦"了一声，我说："你的视线偏离黑板45°了。"小佳反应过来，马上将身体坐正。过了几分钟，再看小佳，发现他又没有看黑板，我又叫了一声："小佳！"小佳又"哦"了一声，我说："你的视线又偏离黑板30°了。"小佳表情木然，不情愿地将身体坐正，看黑板。整整一节课，我居然叫了小佳五次名字。

刚开始的时候，我每次发小佳的讯息，家长都会立即进行回应："我这个儿子太不听话了，老师您费心了，麻烦您管严一点。"但是，几次之后我再发讯息，家长基本上不理不睬了。

我多少有些失望，既然家长不回应，那我也就懒得继续发了，因为我在微信群里发信息的目的，就是希望得到家长的回应，然后等孩子回家以后，针对我提出的问题进行教育。但是现在看来，家长对我提出的问题并不重视，似乎已经见怪不怪，习以为常了。

家校之间的联系似乎就此陷入一个僵局，老师们再也懒得在群里发讯息，家长们也懒得过问孩子在学校的表现。

有一天，不知道什么原因，学生在课堂上的状态非常好。那天是上第四节课，我突然发现课堂上以往的那种纷乱不见了，就连小佳都进入了状态。教学内容是二元一次方程，在讲解一道应用题的时候，当一个学生将未知数设好以后，我分明听见小佳说出了正确的两个二元一次方程。我有些惊喜，连忙点了小佳的名，让他回答。果然完全正确。

我有些兴奋地说："谁说我们小佳同学数学成绩不好？你看看他，这两个方程列得多么好，而且更重要的是，他是在其他同学设完未知数以后，在一种不假思索的情况下就把方程给说出来了。这说明什么？说明两个问题：第一，他始终在认真听其他同学如何设未知数，学习很专注，很认真，如果没有这种专注，没有这种认真，他是不会这么快说出答案的。第二，他很聪明，他能够在其他同学说完以后脱口说出答案，说明他思维敏捷，理解能力强。"

下课以后，我立即找了一个时间，将这个细节用手机打出来，发在了家长微信群里。

这个讯息发出去五秒钟，仅仅只有五秒钟，小佳的妈妈就有了回应："感谢老师的辛勤教诲，孩子终于有进步了，我太高兴了！"家长终于有回应了！

我也受到鼓励，于是一鼓作气，将这一节课所有表现积极的学生的一些细节都写了出来，整整花了一节课时间。一下子，群里热闹起来。家长都说，看到孩子有了进步，真的非常高兴。

那一刻，我突然明白了，之前我们任课老师在群里与家长的交流，其实都用错了方法。尽管在群里不遗余力地指出学生的不足，本意是为了促使学生改正缺点，提高成绩，但是这种在群里公开对学生进行批评的教育方法，不但不能形成家校合力，反而促使家长与学校之间感情生出"缝隙"，从教育的同盟军里背身离去。

批评孩子，就是打家长的脸，你还公开批评，那就是公开打家长的脸了。

我意识到自己的错误以后，再在家长微信群里发讯息，就不再发负面讯息了，只发正面讯息。有时候甚至就写一句话：

今天小佳上课很认真，还与身边的同学进行积极讨论。

今天小佳在黑板上做了一道计算题，格式规范，最关键的是，答案正确。

今天小佳的数学课堂作业，书写有了明显的进步。

……

每次，小佳的家长都会及时作出回复，说孩子这一段时间确实进步了，每次放假回家，都会自觉做家庭作业，不需要家长的督促。家长看到孩子的进步，也很高兴，觉得自己这么长时间的努力，现在终于看到了希望，看到了曙光。

那一天，我在办公室里备课，突然走进来一个妇女，自我介绍说是小佳的家长。看得出来，一脸的兴奋。

她说："一定要来拜访拜访一下刘老师，这一段时间孩子有了巨大进步，感谢老师的辛勤付出。所以今天特意从单位请假过来。"

我呵呵一笑，说："欢迎您常到学校里来，家校之间只有经常沟通，相互协作，才能提高孩子的学习成绩。"

小佳妈妈连连点头，介绍说："这一段时间，每到双休日，我必定赶回家来，督促孩子学习。没想到的是，孩子学习很自觉了，不需要家长督促，他就自己到房间里去做作业了。"

我很高兴，家校之间已经有了良好的信任，合力已经形成。而小佳在数学学习上的进步也越来越明显，对我的感情也日渐深厚。有一天上晚自习，我由于连续上课，声音有点嘶哑。小佳下课以后悄悄跟我说："刘老师，你不要那么大声说话，轻一点，我们都听得清。"

我拍拍这个男孩子的头，有一种感动在内心涌动。

有老师会问：为什么在家长微信群里发学生的负面讯息就会导致家校之

间离心离德，发正面讯息就会形成家校合力呢？

我认为，在微信群里发正面讯息，有两种作用：

第一种是直接表扬家长。老师要处理好家校关系，请一定记住这句话：表扬孩子就是表扬家长，要提高家长的积极性，同样也需要老师的激励。

第二种是间接表扬孩子。这是最重要的，因为这种间接表扬，比老师在课堂上的直接表扬激励效果更好。可以这么说，直接表扬，老师再怎么努力，也是在做加法，对学生的激励效果只会是一次一次累加，而间接表扬即使数量上不太多，却是在做乘法，对学生的激励效果会成倍数增长。

具体来说，间接表扬有两种操作方法：

第一，请第三方转述你的表扬。

在我和小佳之间充当"第三方"的，就是小佳的妈妈。家长在微信群里看到我发的讯息，回家以后，她一定会将我发的表扬，原封不动地送给小佳。这种间接表扬要比当面直接表扬学生效果好得多，原因就在于通过家长的转述以后，学生会觉得这种表扬更真实，更真诚，更可靠。

我经常跟二班的任课老师们讲：你在家长微信群里表扬学生，完全不用担心学生听不到你的表扬，相反，你对学生的表扬经家长转述以后，学生会在心理上对你产生好感，行为上更愿意亲近你，对你无比信任，把你当成真正的朋友。

第二，直接转述第三方的表扬。

这种情况就是你自己充当了表扬的转述者。那天小佳妈妈走后，我马上找到小佳，跟他说："今天你妈妈特意来办公室找我了。"

小佳问："她跟你说了什么？"

我转述说："你妈妈说你这一段时间学习特别自觉，在家里根本不需要家长督促，就自己跑到房间里去做作业了，而且一定要做完各科作业才出去玩或者看电视。"

有时候，我还把班主任表扬他的话转述给他听："这段时间，你们班主任老师说你进步很大，书写认真了，听课专心了，还积极主动为班级做了很多事。"

小佳听了，很兴奋，数学课堂上越来越专注，学习越来越主动积极。

我认为，这种间接表扬学生的方式，之所以能形成家校合力，一个重要的原因是促成了良性循环圈的形成：孩子有进步—老师发现后间接表扬—家长受到激励—家长表扬孩子—孩子受到激励学习越发主动自觉—老师继续表扬。

孩子学习上的进步，反馈到家长那里，家长也会跟孩子一样，对孩子的老师产生信任感，感情上跟老师拉近了距离。所以，这个时候老师再提出任何建议，家长都会言听计从。

要注意：正因为间接转述话语的方法有乘法的效果，所以老师要警惕当着一个学生的面批评另一个学生。如果学生把老师的批评转述给被批评的学生，负乘法的效果就会立马显现出来，被批评的学生会对老师充满厌恶，无论做什么事情都会对着干！

思路点拨

校园里，德育无处不在。老师跟学生交流的每一句话，从德育专业的角度来看，都是在进行育人。因此老师不能想当然地乱说话，每一句话都应该体现你的专业素养。老师跟学生交流的话，有些是在做减法，比如学生厌学，你盯着他的厌学不放，结果学生越来越厌学，你把学生内心的学习热情一点一点减下去了；有些是在做加法，比如你每天盯着学生的优点不放，经常表扬他，每表扬一次学生对学习的兴趣就增加一点；还有些是在做乘法，那就是采用间接表扬的方法，请第三方转述你的表扬，学生对学习的兴趣一下子就会放大很多倍。